中华典故趣学

丁鼎棣 编著

浙江文艺出版社
Zhejiang Literature & Art Publishing House

图书在版编目（CIP）数据

中华典故趣学 / 丁鼎棣编著. -- 杭州：浙江文艺出
版社，2025.4（2025.6重印）. -- ISBN 978-7-5339-7939-3

I. H136.3-49

中国国家版本馆CIP数据核字第2025WR3359号

责任编辑　邵　劼　沈路纲
责任校对　朱　立
责任印制　吴春娟
装帧设计　潘　洋
插图绘制　张继新
营销编辑　周　鑫

中华典故趣学

丁鼎棣　编著

出版发行　浙江文艺出版社
地　　址　杭州市环城北路177号
邮　　编　310003
电　　话　0571-85176953（总编办）
　　　　　0571-85152727（市场部）
制　　版　浙江新华图文制作有限公司
印　　刷　浙江新华印刷技术有限公司
开　　本　710毫米×1000毫米　1/16
字　　数　140千字
印　　张　13.5
版　　次　2025年4月第1版
印　　次　2025年6月第2次印刷
书　　号　ISBN 978-7-5339-7939-3
定　　价　39.00元

前言

　　中华文明源远流长、博大精深，是人类历史上唯一未曾中断、绵延不绝的古老文明。中华文明的璀璨与厚重，犹如长江、黄河壮美浩荡，磅礴奔腾。

　　在五千多年的历史长河中，中华民族累积了丰富多彩的文化传统，中华典故就是其中的绚丽瑰宝之一。她是先民们对自然、社会的认知与感悟，历经千年，口口相传，不断淬化，已经深深融入中国人的血脉。凡是中国人，都难忘孩提时母亲在枕边呢喃的童话故事，都能温暖回忆起外婆在夏夜乘凉时娓娓道来的民间传说和历史故事……即便在偏僻的山村，目不识丁的老奶奶也能讲起牛郎织女、铁杵磨成针、对牛弹琴等等经典故事，这就是中华传统文化的魅力。

　　中华典故是浓缩的历史。"夸父追日"反映了先民们对大自然奥秘的探索；"孟母三迁"强调了古人对环境与教育的重视；"项庄舞剑，意在沛公"，让我们了解楚汉争霸的风起云涌。中华典故也是语言的精华。大到安邦治国，小到为人处世，上下五千年的中华文化，在一个个典故中得到了充分的体现。每个简短的词句背后，都有生动鲜活的故事。我们在讲话时恰当运用典故，不但能增强话语的感染力和说服力，还具有言外之意、耐人寻味的效果。如果行文写作时能恰如其分地运用典故，则可以增强文章的美感与诗意，收到言简意赅、画龙点睛之功效。

中华典故浩如烟海，体现了中华民族在政治、军事、经济、哲学、文学、历史、艺术、伦理等多方面的智慧。为帮助读者更方便、更轻松、更快捷地学习，我们精选菁华，汇集神话、寓言、历史、成语等类别，组以成书，以通俗易懂的语言讲述典故及其中所蕴含的人生哲理。拓展部分为与之相近或相反的典故，希冀起到举一反三的作用。全书重要篇目配有工笔插图，形象地展示一部分故事中的场景，使读者身临其境。

"以铜为鉴，可正衣冠；以古为鉴，可知兴替；以人为鉴，可明得失。"阅读典故可以帮助少年儿童拓宽知识面，提升人文素养，培养善良、勤劳、勇敢等良好的道德品质。阅读典故可以使走上社会的人汲取丰厚的文化滋养，开阔胸怀，增强自信，从而在喧嚣尘世中放慢脚步，保持内心的平和与宁静。愿每一位读者都学有所思，学有所悟，学有所获！

目录

爱 | 屋 | 及 | 乌

　　周武王灭掉商朝后，天下尚未安定。一天，他问大臣们应该如何处置商纣王的部下，姜太公说："我听说，爱一个人，就应该'兼爱屋上之乌'；厌恶一个人，连同他家的墙壁、篱笆也厌恶。"周武王不赞成。周公说："我认为应该让他们各自回家，君主应当用仁政感化天下。"周武王听了豁然开朗，采纳了周公的建议。果然民心归附，天下很快安定下来。

◎ 这个成语比喻因喜爱某人而连带喜欢与他有关的人和物。

 拓展

相濡以沫

　　大思想家庄子同晏子讲了一个故事：假设河水干涸，鱼儿被困在陆地上，它们若能相互吹气，用微薄的唾液滋润对方，固然能暂时存活。但若不能，那么它们倒不如在宽广的江湖中自由自在地生活，彼此忘却，各自安好。

◎ 在困境中，人们要相互扶持、相互救助。

按|兵|不|动

春秋末期，诸侯争霸。晋国认为卫国弱小，决定出兵消灭。为保险起见，晋国执政大夫赵简子派大夫史默去卫国侦察。半年后，史默回来报告说："卫国虽小，但卫灵公很有才干，贤臣很多，深得民心。如果现在用武，可能要付出很大的代价。"赵简子听后觉得他言之有理，便按兵不动，等待适当的时机。

◎ 这个成语比喻暂不行动，等待合适的时机。

拓展

以逸待劳

东汉初年，光武帝刘秀派大将冯异讨伐盘踞在陇右的隗嚣。出兵时，有人建议冯异速战速决，但冯异认为兵力不足以正面交战，只有先拿下战略要地枸邑，以逸待劳，才有取胜的可能。冯异命令部队，急行军占领枸邑后，封锁消息，休整军队，等隗嚣大军赶到时，突然杀出，最后大败隗嚣军队。

◎ 这个成语指在战争或工作中养精蓄锐，待机而动。

按 | 图 | 索 | 骥

　　春秋时期，秦国有个人叫孙阳，他善于鉴别马匹，所以人们都称他为伯乐（伯乐是天上星名，负责管理天马）。他把识别马的经验写成了一本书叫《相马经》，书中还配上各种马的形态图。

　　伯乐的儿子读了这本书后，以为学会了父亲的本领，便拿着书到处去找好马，结果一匹千里马也没找到，还闹了一个大笑话。有一天，他见到了一只癞蛤蟆，他对父亲说："我找到了一匹好马，前额一样，就是蹄子不同。"伯乐知道儿子愚蠢，就戏谑地说："这匹马好跳，不好驾驭。"

◎ 这个寓言比喻机械地照搬书本知识、死守教条，不了解事物的本质。

郑人买履

　　郑国有个人想买一双鞋。他先在家里用根绳子量好脚的尺寸，然后去集市上买鞋。等选好了鞋，他想比下大小是否合适，才想起绳子忘记带来了，于是赶紧回家去取。等他拿着绳子回来时，集市已散了，鞋子没买成。这个人十分懊恼。

　　别人听说后，问他："你为什么不用脚试一下呢？"他却说："我宁可相信量好的绳子，也不相信自己的脚啊。"

◎ 这个寓言讽刺那些只相信教条而不顾客观实际的人。

暗|度|陈|仓

秦朝灭亡后，西楚霸王项羽封刘邦为汉王，刘邦虽不满，但为表示自己无意竞争天下，派士兵将一路上经过的栈道都烧了。

到南郑后，刘邦采纳韩信建议，加紧做攻打关中的准备。为了麻痹项羽，他故意派几百名士兵去修栈道。负责监视刘邦的项羽大将章邯因此放松了警惕。等刘邦大军绕道攻到陈仓时，章邯只能仓促应战，结果大败。

◎ 这个成语指正面迷惑对手，暗中悄然行动，出其不意而达到目的。

拓展

偷梁换柱

小说《红楼梦》里的贾宝玉与林黛玉情投意合，却不能缔结良缘，结果贾宝玉犯了疯病。为了保住贾宝玉，凤姐替贾母出了个"掉包"的主意，乘贾宝玉神志不清时，以薛宝钗冒充林黛玉与贾宝玉成婚。

◎ 这个成语比喻暗中玩弄手段，以假代真，以劣代优。

八|仙|过|海

民间传说中的八位仙人：汉钟离、张果老、韩湘子、铁拐李、吕洞宾、曹国舅、蓝采和、何仙姑，他们各有各的法术。有一次，他们一同去参加王母娘娘的蟠桃会，途经东海时，吕洞宾说："如果我们乘云而过，显不出仙家本事，不如我们各自用宝物渡海，怎样？"众神仙都说好。于是八仙各显神通，顺利渡海。

◎ 这个成语比喻各有各的本事，各显各的身手。

拓展

无计可施

东汉末年，董卓率军挟汉献帝至长安，自任太师。董卓残暴、专权，引起朝中文武大臣的不满，但大家无计可施。司徒王允把府中的美女貂蝉许给吕布，然后再献给董卓，最终借吕布之手除掉了董卓。

◎ 这个成语的意思是没有办法可用。

拔 | 苗 | 助 | 长

宋国有个农夫，插下禾苗后成天在田边观看，觉得禾苗长得太慢，几天过去才长出一点点嫩苗。一天，农夫下到田里，把每棵禾苗都从泥里往上拔高一节。拔完禾苗，农夫疲惫不堪地回到家里，高兴地对家里人说："今天我可累坏了，总算把禾苗都拔高了一截。"

他的儿子一听，急坏了，赶紧跑到田里去看，只见禾苗都枯萎了。

◎ 事物都有自己的发展规律，违反客观规律急于求成反而会将事情搞糟。

画蛇添足

古代楚国有个贵族，在祭祀完祖先后，把一壶酒赏给门客。人多酒少，于是有人提议："我们在地上来个画蛇比赛吧，谁先画好谁喝这壶酒。"大家都同意。

有一个人很快就画好了蛇，当他端起酒壶正要喝时，见别人还在画，便说："我还能为蛇添画出脚呢！"

当他画蛇脚时，另一个人已画好，一把从他手里夺过酒壶，不客气地说："蛇本来没有脚，你怎能给它添上脚呢？"说着将酒一饮而尽。

◎ 这个寓言比喻多此一举，弄巧成拙。

百|步|穿|杨

战国时，楚国有一位将军叫养由基。他射箭极准，能站在一百步开外，一箭射穿小小的一片杨树叶子。有一次，人们将七层铠甲叠在一起，他一箭射去，竟把又厚又重的铠甲穿透，人称"神箭将军"。

◎ 这个成语形容技艺精湛，本领高强。

拓展

无的放矢

射箭时，箭矢必须要瞄准目标，以达到准确命中的目的。如果射箭没有目标，箭矢就会乱飞，没有针对性。

◎ 这个成语形容说话或者行动没有明确目标。

班 | 门 | 弄 | 斧

　　鲁班是春秋战国时期的能工巧匠，直到现在，人们还都尊称鲁班是木匠的祖师爷。有一次，一个外地人在他门前舞弄斧头，吹嘘自己手艺高超，结果被周围人耻笑为不知天高地厚。

◎ 这个成语比喻在行家面前卖弄本领。

拓展

虚怀若谷

　　战国时期，魏国的阳子居在旅途中偶遇老子。阳子居自以为有学问，态度傲慢。老子为他惋惜，当面批评道："我曾以为你是可造之才，现在看来不可教诲。"

　　阳子居虽然听后心中不悦，但随后反思自己的行为，认识到自己确实浅薄了。到旅店后，阳子居专门恭敬地登门向老子请教。从此，他变得谦逊有礼，与人交流更加和谐。

◎ 这个成语形容人十分谦虚而有气量。

杯｜弓｜蛇｜影

晋朝有一个叫乐广的人，经常邀请朋友到家里聚会。某天，家里请客，乐广发现经常来的一个亲戚没到，便叫人去请。岂料对方病了，而且是前段时间来乐广家做客，喝了一杯酒引起的，他觉得自己吞下了一条小蛇。乐广感到很纳闷，突然看到墙上挂的一张弓，悟到肯定是弓的光影倒映在杯里了。乐广马上派人去把那亲戚请来，让他坐上次相同的座位。乐广指着杯中的蛇影，让他看墙上的弓。亲戚看了如释重负，病很快就好了。

◎ 这个成语比喻因疑神疑鬼而生出恐惧。

草木皆兵

公元383年，统治北方的前秦国君苻坚率八十万大军南下，进攻东晋。东晋大将谢石、谢玄等乘夜突袭前秦军队，杀死其大将梁成。这时，苻坚站在城上见晋军队伍严整，再看八公山，草木随风而动，竟以为都是晋兵，不禁胆怯地对弟弟苻融说："这是强有力的敌人啊！"谢玄趁势在淝水把苻坚打得大败。

◎ 这个成语形容被对方的声势所吓，疑神疑鬼，产生错觉。

背 | 水 | 一 | 战

汉王刘邦手下的大将韩信，善于用兵，常常出奇制胜。有一次，他率军在井陉口与赵军对峙，鉴于赵军占有兵力优势，故意背靠河水列阵。赵王闻报，嘲笑韩信竟将军队置于死地。谁知决战时，汉军由于后退无路，个个以一当十，奋勇拼杀，把赵军打得大败。

庆祝胜利时，将士们问韩信为什么背水排阵，韩信笑着说："兵书上说，置之死地而后生，这样才能取得胜利啊！"

◎ 这个成语比喻处于绝境中，为求生路而决一死战。

破釜沉舟

秦朝末年，秦二世派章邯攻打反秦武装势力的赵王，项羽率军队渡河救援。鉴于秦军势力强大，项羽命令士兵把所有的船凿沉，把所有做饭用的锅砸破，并且烧毁营房，每人只带三天干粮，以此表示决一死战、决不后退的决心。

没有退路的士兵以一当十，奋勇作战，大败秦军，项羽也因此名声大振。

◎ 这个成语比喻下定决心，不顾一切地干到底。

比｜肩｜接｜踵

春秋时期，齐国的国相晏婴身材矮小，但学问渊博，极有口才。

有一次，晏婴出使到楚国。楚王仗着楚国强大，傲慢地问道："你们齐国难道没有人了，怎么派个矮子来呢？"晏婴答道："齐国首都有三百条街巷，成千上万户人家，要是大家同时上街，行人就肩并肩，脚挨脚。不过我国有个规矩：能干体面的使臣出访上等国家，去拜见才高德重的君王，而像我这样的人，只好派到这里来见您了。"结果楚王自讨没趣。

◎ 这个成语形容人多拥挤。

人迹罕至

司马相如，"汉赋四大家"之一，汉武帝时曾任中郎将，奉使巴蜀。他用优美的笔触描绘了夷狄之地的独特风貌："而夷狄殊俗之国，辽绝异党之地，舟舆不通，人迹罕至。"即夷狄是一个风俗与汉朝大相径庭的国家，它地处遥远，交通极为不便，以致车船难以通行，人们更是鲜少踏足。

◎ 这个成语强调某地偏僻与寂寥。

鞭 | 长 | 莫 | 及

春秋时，楚国大夫申无畏出使齐国。途经宋国时，他自恃楚国强大，不办借路手续，就想越境而过，宋文公一怒之下便杀死了申无畏。

楚庄王闻讯十分气愤，立即举兵攻打，宋国紧急向晋国求援。晋景公决定出兵援宋，但被大夫伯宗劝阻："俗话说，即使鞭子很长，也不能打到马肚上。楚国就好比马肚子，它不是我们可以攻打的对象。"晋景公觉得有道理，就打消了出兵的念头。

◎ 这个成语比喻距离太远而无能为力。

近水楼台

北宋时，范仲淹曾任杭州知府。他平易近人，乐于提携他人，手下的许多官员都因他的推荐走上了更大的舞台。

有一个叫苏麟的人，因在杭州外县工作，范仲淹没有注意到。苏麟便写了一首诗送给范仲淹，其中有这样两句："近水楼台先得月，向阳花木易为春。"范仲淹读后心领神会，不由哈哈大笑，按照苏麟的意愿，为他谋到了一个合适的职位。

◎ 这个成语比喻由于环境或职务上的便利而获得优先的机会。

捕 | 风 | 捉 | 影

汉成帝晚年非常迷信鬼神，每年都花很多钱举行祭祀，而那些献策者和巫师能轻易地获得高官厚禄。光禄大夫谷永是个忠臣，他冒着被杀头的危险上书皇帝："现在有些人宣扬神仙鬼怪、长生不老，话说得美妙动听，其实都是虚无缥缈，就像要抓住风、捉住影子一样，结果什么也不会得到。希望陛下明察！"

汉成帝认为谷永的奏章言之有理，于是渐渐收敛了祭祀活动。

◎ 这个成语比喻说话做事没有确切的事实根据，无事生非。

拓展

无中生有

《老子》有言："天下万物生于有，有生于无。"道家认为："天生一，一生二，二生三，三生万物。"这一思想与现代宇宙大爆炸理论有相似之处。大爆炸理论认为大爆炸是宇宙的起源，也是时间和空间的开始，在此之前，一切都是"无"。

◎ 无中生有是道家的哲学思想，后来人们常用该词来形容凭空捏造。

不 | 耻 | 下 | 问

春秋时，卫国大夫孔圉死后被谥为"文"。孔子的学生子贡就这件事询问孔子说："孔圉凭什么被谥为'文'？"孔子回答："敏而好学，不耻下问，是以谓之'文'也。"他认为给孔圉"文"的谥号是合适的。

◎ 这个成语指不以向地位、学识比自己低的人请教为耻辱，形容谦虚、好学。

拓展

自以为是

一次，万章请教老师孟子："为什么孔子认为好好先生是损害道德的人呢？"孟子说："这种人，你否定他，却指不出他的具体过错；要批评他，却无可批评。他同流合污，居之似忠信，行之似廉洁，大家还都喜欢他，他也自以为是。但是，他所有的这些，与尧舜之道都是相违背的。"

◎ 这个成语指认为自己正确，形容主观不虚心的态度。

不 | 寒 | 而 | 栗

汉武帝时期，有个执法严酷的官吏，名叫义纵。义纵姐姐因医术高明，得到皇太后的宠幸，他沾了姐姐的光，当上了定襄太守。有一天，义纵下令把监狱在押的二百多名犯人和前来探望的亲属一起定为死罪，全部加以杀害。消息传出后，定襄人人胆战心惊，恐惧极了。

◎ 这个成语的原意为人不寒冷而发抖，形容恐惧到了极点。

噤若寒蝉

东汉时，杜密曾任郡太守和尚书令，他为官清正，执法严明，声誉很好。告老还乡后，他仍关心政事，向当地官员推举贤能，批评坏人坏事。同郡人刘胜，也从蜀郡太守任上告老还乡，他奉行明哲保身思想，闭门谢客，不问政事。杜密得知后，说："刘胜身居大夫高位，理应为国家多尽力。但他对有才能的人不荐举，听到恶行不批评，一味地隐瞒真情保护自己，像寒天里的蝉一样不发声，这实际上是罪人啊！"

◎ 这个成语比喻害怕、有所顾虑而不敢说话。

不 | 可 | 救 | 药

西周末年，周厉王骄奢淫逸，残酷剥削人民，百姓纷纷起来反抗。面对摇摇欲坠的政权局势，忠臣凡伯劝谏周厉王力修德政，周厉王却不听，一些权臣也嘲笑凡伯不识时务。凡伯非常气愤，写了一首长诗来表达自己的焦急心情，大意是：你们不要取笑我——你们坏事做得太多，忧患越积越多，就像燃烧的火焰，已经没办法救了。

◎ 这个成语比喻人或事情已经坏到无法挽救的地步。

妙手回春

战国时期，齐国神医扁鹊经过虢国，听说虢太子猝死，就向中庶子打听太子的症状。他听后认为太子是假死，可以救活，就叫弟子子阳磨好针，在太子的穴位上扎了几针，太子真的苏醒过来了。扁鹊因此赢得"妙手回春"的称号。

◎ 这个成语称颂医术高超。

不 | 求 | 甚 | 解

东晋诗人陶渊明二十八岁时，写了一篇《五柳先生传》，也就是他自己的小传。文中写道：这位先生也不知道是何许人，就连姓名也不知道，因为他住所旁边有五棵柳树，而自称为"五柳先生"。他不善言谈，淡泊名利，喜欢读书，但不死啃字句，每次有什么新的体会，就高兴得连吃饭都忘了。

◎ 这个成语原义指读书求精，不在文句上下功夫。后多指学习或工作态度不认真，了解情况不深入。

囫囵吞枣

古时候，一个水果摊主热心地向顾客建议多样化选择水果，他说："梨对牙齿有益，却损害脾脏；枣健脾，却伤牙。"顾客们对此议论纷纷，一个自作聪明的人则说："我如果吃梨只嚼不吞，那就不伤脾；吃枣直吞不嚼，那就不会伤到我的牙齿了。"

众人听了，笑不可支，一个人笑话他："吃梨只嚼不吞，倒是可以做到；囫囵吞枣，可怎么受得了呢？"

◎ 这个成语比喻学习不求甚解，笼统地接受知识。

仓｜颉｜造｜字

　　黄帝时期，有个史官叫仓颉，他观察鸟兽的足迹受到启发，从而创造了文字。传说他创造文字时，天降下粟米，鬼在夜间哭泣。因为天怕人们学会文字后，都去从事商业而放弃农耕，将有饥荒。鬼怕人们学会文字后，会作疏文弹劾他们，所以才在夜间哭泣。还有一种说法，认为是兔子哭泣，因为兔子害怕人们为了写字，会取兔子身上的毫毛做笔，危及它们的性命。

◎ 这个故事表现了中华民族伟大的创造精神，体现了中华文化的博大精深。

燧人取火

最早的原始人，还不知道利用火，东西都是生吃的，就连打来的野兽也是生吞活剥，连毛带血地吃。后来，才学会了用火。

火在大自然中早就有了。火山爆发，有火；打雷电时，树木也会着火。可是原始人看到火，不会利用，反而怕得要命。后来偶然捡到烧死的野兽，拿来一尝，发现味道挺香。经过不知多少次的试验，人们渐渐学会用火烧东西吃，并且想法子把火种保存下来，使它常年不熄。火种保存很难，人们要轮流值守，及时添柴加火。

有一天，一个聪明智慧的人发现把坚硬而尖锐的木头，在另一块硬木头上使劲地钻，能钻出火星。又有一次，他把火燧石拿起来敲打，发现能敲出火花来。由此，人类掌握了人工取火的方法。

从那时起，人们就随时可以吃到烧熟的东西，食物品种也丰富了。原来鱼、鳖、蚌这类东西，生的有腥臊味不能吃，有了取火办法后，就可以烧熟吃了。

这个聪明人发明了钻木取火的方法，受到后人敬仰，被尊称为"燧人氏"，就是取火者的意思。

◎ 这个故事展现了古代先民的智慧和勇气。人类社会的发展永远需要这种不畏艰难、勇于探索的精神。

曹 | 冲 | 称 | 象

　　三国时，有一次孙权送给曹操一头大象。曹操很高兴，带着儿子曹冲和部下一同去看。

　　看到大象又高又大，大家都很好奇，有的问："大象有多重呢？"曹操听到后说："谁有办法来称一称？"可是，人们都无计可施。曹冲这时才七岁，他站出来说："我有个办法，先把大象牵到大船上，在大船舷边标出吃水线，然后把大象牵下船，再往船上装石头，直到船下沉到所刻记号为止。最后把船上的石头称一下，石头有多重，大象就有多重。"

　　曹操笑着点了点头，马上吩咐部下去做，果然称出了大象的重量。

◎ 这个故事鼓励我们日常生活中要多观察、多思考。

拓展

司马光砸缸

　　司马光是北宋著名的政治家、史学家、文学家。他从小聪慧，冷静沉着。有一次，司马光与其他几个小伙伴在院子里玩，其中一个爬上大水缸，结果失足掉了进去，被水淹没。其他小朋友都吓傻了，有的大哭，有的跑了，只有司马光拿起一块石头把缸砸破，使水流了出来，小伙伴得以救出。

◎ 这个故事启发我们遇到紧急情况，要沉着冷静，勤于用脑。

察｜言｜观｜色

　　孔子的学生子张问老师："读书人要怎样才能做到通达?"孔子想了想说："为人品行端正，懂得礼仪。善于'察言而观色'，谦虚待人。这种人，在朝廷里必定通达，在家中也一定事事行得通。"子张听了，点点头说："老师，我懂了。"

◎ 揣度对方的话语，观察对方的脸色，以摸清其真实意图。

 拓展

怡然自得

　　晋朝时，武陵有个人以捕鱼为生。一天，他顺着小溪走进了一片桃花林。此处风景优美，他四处欣赏，在桃林尽头发现了一个洞。他弯腰进去，再走几十步，豁然开朗。这里简直是一片平原。平原上桃红柳绿，房屋俨然，男耕女织，怡然自得。一交谈，才知道这里的人是秦朝时为躲避战乱逃过来的，他们与世隔绝多年，不知道外面世道，也不想再出去了。渔人在这里受到了各家各户的热情招待。

◎ 这个成语形容高兴而满足的样子。

乘｜人｜之｜危

东汉时，凉州汉阳郡长史盖勋与凉州刺史梁鹄是好友。梁鹄的属官苏正和也是个耿直官员，他查办贪官污吏从不手软。有一次，苏正和查办武威太守的案子，因涉及许多权贵，梁鹄怕自己受到连累，想杀掉苏正和。

梁鹄拿不定主意，到汉阳征询盖勋意见。而盖勋与苏正和是冤家对头，有人建议盖勋趁机除掉苏正和，盖勋却拒绝道："趁别人危难时落井下石，是不仁义的举动。"后来，他劝梁鹄不要杀害苏正和。

◎ 这个成语意指趁别人危难时，去要挟或打击，以达到自己的目的。

拓展

落井下石

柳宗元，是唐宋八大家之一。因参与新政被贬到柳州当刺史。

大文豪韩愈是柳宗元的好友，他眼见柳宗元被小人所谗郁郁而终，所以特地为柳宗元写了一篇墓志铭，其中写道："读书人到穷困时才显气节。风平浪静时人们相处很融洽，但有一点点利害冲突，有的人就翻白眼不认人了。你如果被人挤到陷阱里去，他不但不施救，反而会往下扔石头，这样的人到处都有啊。"

◎ 这个成语比喻乘人之危，加以陷害。

乘 | 兴 | 而 | 来

王徽之是大书法家王羲之的儿子，他才华横溢，性情豪放。有一回，在一个大雪初霁的夜晚，他见月色清朗，长空无云，不禁想起一个会弹琴作画的朋友——戴逵，于是立刻乘小船前往剡溪拜访。由于路程较远，直到天亮才到。可是到了戴逵家门口，他却不进去，反而转头而回。别人问他为什么要这样做，王徽之笑着回答："我本是乘兴而来，兴尽而返，何必一定要见戴逵呢？"

◎ "乘兴而来"形容做事随心所欲，不循规蹈矩。

风动幡动

公元676年，慧能来到广州法性寺，正巧遇到印宗法师在讲经。忽然，一阵风吹动了幡，一个和尚悄悄说："快看，风在动。"另一个反驳说："不对，是幡在动。"两个人争论不下，慧能插话说："既不是风动，也不是幡动，而是你们的心在动！"

印宗法师听得这番妙论，当即与他交谈，得知其是大名鼎鼎的慧能，就为他剃度，恭请其在法性寺传授禅法。

◎ 这个故事告诉人们，无论是学习还是工作，都要一心一意，才能不受外界干扰，从而取得良好的效果。

程｜门｜立｜雪

程颐，北宋理学家和教育家，名望极高。许多人都投到他门下读书。

游酢和杨时是他的学生。他们第一次去见程颐，谈了一会儿，程颐因年老体弱，就闭目养神起来，两人不敢惊动他，只是静静地侍立在旁边。待到程颐醒来，发觉他们还站在那里，忙对他们说："怎么你们还在这里啊？快回去吧！"两人走出门外，只见原来没有积雪的地上，已经积了一尺多深的雪。这件事也被称为尊师重道的范例。

◎ 这个成语比喻尊师重教，虔诚求学。

拓展

孺子可教

张良隐居下邳。一天，张良在一座桥上遇到一位老人。老人故意把鞋子扔到桥下去，然后喊道："小伙子，替我把鞋子捡上来。"当张良把鞋子捡上来后，老人又叫他给自己穿上，张良笑着照办。于是老人满意地对张良说："孺子可教矣。"后来，老人送了一本《太公兵书》给张良。张良因此获益匪浅，最终成为刘邦的重要谋士。

◎ 这个成语形容年轻人有出息，可以培养。

出｜类｜拔｜萃

孟子是战国中期儒学的代表人物。

有一天，公孙丑向老师孟子请教："圣人孔子与其他人有什么不同呢?"孟子说："如果将孔子与普通百姓做比较，就像凤凰和其他飞鸟、泰山和小石堆对比一样。圣人和老百姓都是人，只不过圣人出于其类，拔乎其萃。"

◎ 这个成语形容人的品德才能出众，远在同类之上。

 拓展

鹤立鸡群

西晋时，晋惠帝身边有个侍从官，名叫嵇绍，他是"竹林七贤"之一嵇康的儿子。他身材高大，气宇轩昂，走在大街上，看到的人无不赞许，有的人还情不自禁地跟着他走。有人形容嵇绍英武挺拔的样子，就像一只野鹤立在鸡群里一样。

◎ 这个成语形容仪表或才华出众。

穿｜井｜得｜人

宋国有户姓丁的人家，为了用水方便，在房屋边打了一口井。这样，丁家再也不用每天派人去挑水了。丁家告诉别人说："我家打了一口井，得了一个人。"

这件事一传十，十传百，竟然变成了"丁家打井挖出了一人"。事情传到宋国国君耳朵里，国君觉得不可思议，派人去问丁家。丁家说："是得了一个人的劳动力，并不是从井里挖出一个人呀！"

◎ 这个成语指不可靠的传闻，也告诫人们不要轻信流言蜚语，要注意调查研究。

空穴来风

　　宋玉，战国时楚国人，屈原的学生，著名文学家。有一次，他陪楚顷襄王到兰台游玩。到了台上，清风徐徐吹来，楚顷襄王觉得十分惬意，说道："这阵风真凉快呀！这是我和老百姓共有的呀！"宋玉听了十分反感，心想：你昏庸无道，放逐屈原，哪里会想到老百姓的疾苦。他灵机一动，借题讽刺道："这凉风是您独有的，百姓哪能与您共享呢？"楚顷襄王觉得奇怪，难道风还分贵贱吗？便叫宋玉把道理讲出来。

　　宋玉说："老师屈原说过，枳树弯曲多枝，小鸟就在上面筑巢；有孔洞了，便会吹出风来。因为所依靠的自然环境不同，各方感受到的风自然不同。"接着，宋玉讽刺道，"王宫在高台上，风是清凉的；老百姓居住在低洼的陋巷，即便有风吹来，那也是潮湿腥臭的。"

◎　这个成语比喻流言乘虚而入。

唇｜亡｜齿｜寒

春秋时，晋国南边有两个小国：虞国和虢国。晋国想进攻虢国，就必须经过虞国。为此，晋国专门派人送宝马和玉璧给虞国，请求借道。虞国大臣公之奇劝阻国君说："虢国和虞国就好像嘴唇和牙齿，嘴唇没有了，牙齿也保不住啊！所以绝对不能借道。"

但糊涂贪财的虞国国君还是答应了晋国的要求，结果晋国军队在灭掉虢国回来的途中，顺势把虞国也消灭了。

◎ 这个成语比喻双方关系密切，相互依存、利害与共。

同舟共济

孙子是春秋时著名的军事家。一次，有人问他如何用兵才能战无不胜，他说关键在于齐心协力。他讲了一个故事：吴国和越国连年交战，百姓也相互敌视。有一次，两国人一同乘船，刚上船时，互不理睬。当船行到河中间时，天突然刮起狂风。眼看小船要翻了，两国的人忘记了仇恨，互相帮助，一同奋力划桨，最终使船安全到岸。

◎ 这个成语比喻共同经历患难。

打 | 草 | 惊 | 蛇

　　唐朝时候，王鲁在当涂任县令，他见钱眼开，干了许多贪赃枉法的坏事。有一次，他接到一份控告主簿的状子，状子上列举的罪行，与他的违法乱纪行为大同小异。他一边看状子，一边打战。等到把状子看完，他已忘了要拟出处理意见，随手批了八个字："汝虽打草，吾已惊蛇。"

◎ 这个成语比喻做事不缜密，致使对方有了警觉和防范。

放虎归山

　　春秋时，有一次晋国的将军先轸率军击败秦国军队，并俘获孟明视等三位大将。晋襄公的母亲得知消息后，就对晋襄公说："秦晋两国世代联姻，交情很好。如果我们杀了他们的将军，恐怕两国冤冤相报，永世不得安宁。不如把他们放了，让秦君去处置，岂不更好？"晋襄公听母亲的话就把秦国将军放了。先轸听说后，赶过来质问晋襄公："将士们流了多少血汗才抓住他们，怎么能被妇人的几句话坏了好事？放虎归山，将来悔之晚矣！"晋襄公这才醒悟过来说："是寡人的过错。"

◎ 这个成语比喻放走敌人，遗患无穷。

大｜相｜径｜庭

春秋时，楚国有个人叫接舆。他性格孤傲，不考功名，不与任何人来往，过着隐居生活，人称"楚狂人"。

有一天，肩吾和连叔聊天说到接舆，肩吾说："接舆这个人太离谱了。"连叔问："怎么回事？"肩吾说："听接舆说，在很远的姑射山上住着一位神仙，他的皮肤像冰雪一样白，不吃饭，只喝一点露水，每天腾云驾雾到处遨游。听他的话，就好像天上的银河没有边际，真是'大有径庭，不近人情'焉。"

◎ 这个成语比喻彼此相差极大，意见根本不同。

泾渭分明

渭河是黄河支流，发源于甘肃；泾河是渭河的支流，发源于宁夏。渭水清澈，泾水浑浊，两水在陕西合流时，清浊分得很清楚。

◎ 这个成语比喻界限清楚，是非分明。

得｜陇｜望｜蜀

东汉初年，各地豪强割据。地方势力较大的有两股：割据巴蜀的公孙述，称霸陇西的隗嚣。公元32年，东汉大将岑彭随光武帝刘秀出征，攻下陇地天水后，把隗嚣围困在西城，并把公孙述的增援部队包围在上邽。

这时，刘秀因有事要先回洛阳，行前留下一封诏书给岑彭，诏书中说："人总是不知足的，我是'既平陇，复望蜀'。你等到攻下西城和上邽后，就可以攻打蜀地了。"

◎ 这个成语比喻得寸进尺，贪得无厌。

得寸进尺

战国末期，七国争霸。公元前270年，秦昭襄王准备兴兵伐齐，谋士范雎劝谏，并献上"远交近攻"之策。他说："齐国远离秦国，中间隔着韩国和魏国，即使攻下，也没法占领，还不如暂时稳住齐国，先攻下临近的国家。这样一来，秦国的版图就能不断地扩大，打下一寸就是一寸，打下一尺就是一尺。"秦昭襄王听后茅塞顿开，欣然采纳。最终，秦国实现了统一中国的愿望。

◎ 这个成语形容贪欲无止境。

东｜郭｜先｜生｜和｜狼

有只狼被猎人射中，负伤而逃，猎人在后面紧紧追赶。这时，东郭先生正骑着毛驴前往中山国谋职，这只狼突然蹿到东郭先生面前，哀求说："先生，快救救我吧！猎人要抓我，让我在你的书袋里躲一躲，我今后一定会报答你的。"东郭先生善恶不分，见它那副可怜相，便心软了，让狼藏进了书袋子，躲过了猎人的追赶。

猎人走后，狼从书袋子里出来。它伸伸腰，马上露出凶相，对东郭先生说："你既然救了我，就要救到底。现在我饿得要死，让我吃了你吧！"说着就扑了过去，东郭先生吃了一惊，绕着毛驴和它兜圈子。

这时，有个农夫路过这里。东郭先生赶快请他评评理，中山狼抢着说："他刚才把我塞进他书袋，上面还压了好多书，这分明是想压死我，哪里是救我？"农夫想了想说："你们讲的我不信，这书袋子怎么能装得下狼呢？我得看一看狼是怎么装进去的。"于是中山狼又躺在地上蜷成一团，东郭先生像刚才那样把它装进书袋。农夫立即把袋口扎紧，对东郭先生说："这种吃人的野兽，决不会改变本性。对狼讲仁慈，那太危险了！"说罢，举起锄头，把狼打死了。

◎ 这个寓言告诉我们要区分敌我、善恶，对坏人不能怜悯，否则会反受其害。

拓展

鸟尽弓藏，兔死狗烹

越王勾践的大臣范蠡，曾为越国出了不少力。在越国与吴国发生战争，越国失利时，他劝越王卧薪尝胆；等到时机成熟时，又替勾践策划兴兵攻吴，实现复国报仇的理想。对越国来说，范蠡实在是一个大功臣，他本可以在勾践复国后身居高位，安享荣华富贵；但范蠡自行引退，带着西施，改名更姓，到齐国经商去了。后来，范蠡还托人带了一封信给从前的同事大夫文种。范蠡在信中写道："用来射鸟的弓，等到没有鸟时，人们就会把弓收藏起来；用来猎兔的狗，等到兔子被捕杀后，主人便把它宰了吃。越王这个人可以与之共患难，而不可以与他共享乐，你为什么还不离去呢？"文种没有听从范蠡的劝告，最终被勾践所杀。

◎ 后人用"鸟尽弓藏，兔死狗烹"来比喻目的达到后，将曾经帮助过自己的人抛弃，揭露了人性黑暗的一面。

东|施|效|颦

春秋时，越国有个美女名叫西施，同村的东头则住着一个丑姑娘，人称东施。东施羡慕西施的美貌，所以处处模仿西施，无论是穿着打扮，还是姿态举止。

一天，西施因为心口痛，按住胸口皱着眉头走路。大家看到了，都说西施楚楚动人。东施便效仿起来，她以为自己这样走，一定会像西施一样美。然而，看到东施走过来，富人家马上关上大门，穷人们则马上拉着妻子和孩子绕开，躲得远远的。

◎ 这个寓言告诉我们，不能盲目效仿，要从自身实际出发，否则适得其反。

邯郸学步

邯郸是战国时赵国的首都，那里的人走路姿势优美，邻国人都很羡慕。

燕国寿陵的一个少年，特地跑到邯郸来学习。他不问当地人走路的方法，只是成天跟在后面机械地模仿。一段时间后，他不但没有学到邯郸人走路的姿态步法，反而连自己原来走路的步法也忘记了，最后只好像乌龟一样爬着回去。

◎ 这个寓言形容不善于学习，一味模仿，不仅会学无成就，而且会忘掉自己原来的本领。

对 | 牛 | 弹 | 琴

公明仪，战国时著名音乐家。有一次，他携琴郊游，看到山清水秀风景宜人之处，不由想抚琴奏曲，但四周无人，觉得落寞。他见远处有头牛在吃草，就走到牛面前弹奏起来。他先弹奏了一首高深的曲子，虽然琴声美妙，但是牛只顾吃草毫无反应。后来他改弹小牛呼唤的声音，牛就竖起耳朵来听了。

◎ 这个成语比喻说话不看对象，或对外行讲专业。

拓展

对症下药

华佗，三国时名医，人称"神医"。

有一次，州官倪寻、李延同时病了，症状都是头疼发烧。他们请华佗诊治，华佗仔细诊断后，却给他们开了不同的方子。两人觉得奇怪，问华佗是不是搞错了，华佗说："倪寻是饮食不当引起的发热，李延是外感风寒，病因不一样啊！"

倪、李两人回去后按处方服药，第二天病就好了。

◎ 这个成语比喻针对不同的情况，采取不同的对策。

烽｜火｜戏｜诸｜侯

西周末年，周幽王宠爱褒姒，但褒姒一直不苟言笑。为了取悦她，周幽王想尽了各种办法。

有一天，周幽王突发奇想，决定点燃烽火台来戏弄诸侯。烽火台是古代报警用的，一旦点燃就表示有敌情，诸侯需立即前来救援。当都城烽火台点燃后，各地的诸侯纷纷赶来，却发现没有敌人。原来这是周幽王为了让褒姒高兴而开的玩笑，各个诸侯悻悻而归。褒姒看到诸侯们被戏弄的样子，终于笑了。周幽王非常高兴，因而又多次点燃烽火，导致诸侯们都再不相信烽火，也就渐渐不来了。后来，西戎兴兵来犯，幽王再点燃烽火，诸侯们全都按兵不动。结果周幽王被杀，西周灭亡。

◎ 这个故事提醒我们要重视诚信的重要性。

厉王击鼓

　　楚厉王曾通令，遇有国家危急的情况，就打鼓为号，通知老百姓来防守。有一次，厉王喝醉酒，误把鼓敲了起来，老百姓大惊，纷纷赶来。厉王派人告诉百姓说刚才是在开玩笑，百姓听后都散去了。几个月后，楚国真的发生了紧急情况，厉王拼命敲鼓，但百姓以为又是开玩笑，因此没人前来救援，国家损失惨重。

◎ 这个故事告诫人们必须言而有信，否则自食其果。

伏 | 羲 | 八 | 卦

伏羲，风姓，是燧人氏儿子，他人首蛇身，是中华民族的人文始祖，也是中国古籍中文字记载最早的王。

远古时代，人们对大自然一无所知，下雨刮风、电闪雷鸣时，人们既害怕又困惑。聪明的伏羲想把这一切都搞清楚，于是他经常站在高台上，仰观天上的日月星辰，俯察周围的地形方位，有时还研究飞禽走兽的脚印和身上的花纹。

有一天，他的眼前出现了美妙的幻境：一声炸响之后，渭河对岸龙马山开裂，只见龙马飞出，直落到河中央的分心石上，闪闪发光，这时分心石亦幻化为立体太极，阴阳缠绕，光芒四射。此景象震撼了伏羲心胸，他顿时明白，天地竟如此简单明了——唯阴阳而已。他便将这一想法画出来，以"—"代表阳，"--"代表阴。用乾、坤、震、巽、坎、离、艮、兑象分别象征天、地、雷、风、水、火、山、泽。八卦就像八只无形的大口袋，把宇宙的万事万物都装进去。

后来，周文王又把八卦互相搭配变成了六十四卦，用来象征各种自然和社会现象。

◎ 这个故事告诉我们，大千世界既丰富多彩，又对立统一。人类社会对大自然的探索是永无止境的，人与自然要做到和谐相处。

神农尝百草

女娲补天之后，不知过了多少年，在烈山的一个石洞里，出生了一个小孩，他长大后成为部落首领。有一次，他见鸟儿衔种，受到启发，由此发明了五谷农业，所以大家称他为"神农"。神农氏是我国农业之神。

那时，人们吃野草，喝生水，食用树上的野果子，吃地上爬行的小虫子，所以常常生病、中毒或受伤，寿命很短。神农氏感到很苦恼，怎么使大家的身体好起来呢？他开始跋山涉水，尝遍百草，曾一天就中毒七十次，多亏了有茶解毒。他在尝百草的过程中，识别了百草，发现了具有攻毒祛病、养生保健的中药。故先民又尊他为"药神"。

◎ 这个故事不仅反映了古代人们对草药的探索和认识过程，也体现了科学和实践的重要性。

腐｜鼠｜成｜滋｜味

　　惠子在梁国做宰相，庄子前往看望。有人对惠子说，庄子来是想取代你当宰相的。惠子慌了起来，派人满城搜捕庄子。庄子来到惠子府上，说："鹓雏是南方的一种鸟，它从南海飞到北海，非梧桐树不栖，非竹子不食，非泉水不饮。有只鸱鹰寻觅到一只腐烂了的老鼠，鹓雏刚好从空中飞过，鸱鹰以为它来抢，忙怒叫：'吓！你也想用你的梁国来怒叱我吗？'"

◎ 这个故事讽刺那些醉心于功名利禄的人。

鸿鹄之志

　　陈胜是河南阳城的农民，年轻时当雇农，给地主种田。有一天，他和伙伴们在田埂上休息，心中感慨说："我们现在这样劳苦，倘若谁将来富贵了，千万不要忘了今天的穷朋友啊！"同伴们笑了，有人说："我们连锄头都不是自己的，哪来的富贵呀？"陈胜叹气道："燕雀安知鸿鹄之志哉！"

　　后来，陈胜与吴广起义反对暴秦，建立了中国历史上第一个农民政权。

◎ "鸿鹄之志"通常用来比喻一个人要有远大的理想和抱负。

负 | 荆 | 请 | 罪

　　战国时期，赵国有两位贤臣：廉颇、蔺相如。廉颇为国立下赫赫战功，受封为上卿；蔺相如在渑池之会，凭着三寸不烂之舌与秦王针锋相对，使赵王免受屈辱，官拜上卿，并在朝会时位列廉颇之上。

　　廉颇对此很不服气，认为自己的武功盖过蔺相如的嘴，并说："我见到蔺相如，一定要当众羞辱他。"蔺相如听说后，设法避免与廉颇会面。有一次，蔺相如出门，远远看见廉颇的车马，立即引车回避，廉颇心中十分得意。

　　蔺相如的门客认为主人太懦弱，纷纷要求离开，蔺相如说："你们认为秦王与廉将军比，谁厉害？"门客们说："当然秦王！"蔺相如说："秦王那样威风，我都敢在秦廷上斥责他，难道我会怕廉将军吗？我只觉得，秦国不敢侵犯赵国，就是因为有我与廉将军在。两虎相斗，必有一伤。为了国家利益，我才忍辱避让啊！"

　　廉颇听说后非常惭愧，解衣露膊，背着荆杖到蔺府谢罪。从此，二人成了生死之交。

◎ 这个故事提醒人们要识大体，顾大局；做错事后要敢于承认错误，修正错误。

齿亡舌存

春秋时，著名思想家老子的老师常枞病重了。

老子前去看望，问道："先生病得如此重，有什么遗教可以告诉我吗？"常枞张开嘴给老子看了看，问道："我的舌头还在吗？"老子说："在呀。"常枞又问："牙齿呢？"老子说："没有了。"常枞又问："你知道是什么原因吗？"老子回答道："舌头之所以还在，我想是因为它很柔软吧！"常枞说："对了，世界上的事情，它的道理都是如此。我还有什么可以再告诉你的呢？"

◎ "齿亡舌存"比喻刚硬的容易折断，柔软的常能保全；也说明有道的能够永存，无道的终遭灭亡。

各|得|其|所

　　远古时代，随着农业、畜牧业、水利技术的发展，人们逐渐有了多余的食物。在一些交通方便、人口较为集中的地方形成了货物交换场所。大家把自己多余的粮食、畜类等与他人以物易物，得到各自所需要的货物，从而大家各得其所。

◎　这个成语通常指每个人或事物都得到恰当的位置或安排。

人尽其才

　　有个人想拜公孙龙为师，公孙龙问他："你有什么特别的本领？"那人回答："我的声音特别洪亮。"公孙龙就收他为弟子。但其他弟子都不认同，认为老师那么文雅的人，还需要他大喊大叫帮忙吗？

　　一天，公孙龙带弟子们前往燕国，途中经过一条很宽的大河，河的这侧没有船只，只看到对岸有条渔船，船上坐着一个渔夫。正当大家一筹莫展时，只听那个声音很大的弟子喊道："船家，要过河嘞！"渔夫果然听到了，从对岸划了过来。其他弟子纷纷羞愧地低下了头，暗暗佩服这名同窗。

◎　这个成语指每个人都能够充分发挥自己的才能。

功｜败｜垂｜成

公元383年，东晋大将谢玄率军八万在淝水大败前秦苻坚百万大军，东晋军队连续收复北方六个州。正当节节胜利之际，皇帝以将士疲乏为由，下诏书要谢玄班师回朝，谢玄在归途中因病去世，年仅四十六岁。

《晋书》因此叹息谢玄道："庙算有遗，良图不果；降龄何促，功败垂成。"

◎ 这个成语指事情将要成功之际，却意外遭到了失败。

拓展

功亏一篑

周武王建立周朝后，各国纷纷来贺，建立邦交。旅国送来了一只四尺高的大狗，周武王欣然收下。

太保召公写了篇《旅獒》进谏，大意是：犬马、珍禽异兽固然可爱，但玩物会丧志。作为君王，更应注意德行修养，不忽视细微的行为。就像筑一座九仞大山，要一筐土一筐土地堆上去，如果最后一筐土没加上，结果还是不能成功。周武王采纳了劝谏，从此更加勤于治国。

◎ 这个成语比喻做事因差最后一点而未能完成。

狗|尾|续|貂

西晋时，赵王司马伦废掉晋惠帝，自称皇帝。他恐下面的人不服，于是大肆封官笼络人心，连听差的奴役也给以爵位。

按照当时规定，王侯大臣都要戴用貂尾装饰的帽子，但司马伦封的爵位实在太多，一时间貂尾供不应求，所以只好用狗尾来代替。正如一件珍贵的貂皮，续上一条狗尾巴充数一样。

◎ 这个成语比喻以坏续好，前后不相称。

 拓展

画龙点睛

张僧繇，南北朝时梁朝的著名画家，特别擅长画龙。

传说有一次，张僧繇在金陵安乐寺的墙上画了四条龙，但都没有画眼睛。观看的人不解，问他为什么不给龙添上眼睛，他说："如果画了眼睛，它们就会飞走。"众人大笑，认为他吹牛。于是，张僧繇只好给其中的两条点上了眼睛。顷刻间，雷电交加，只听轰隆一声，两条龙腾云驾雾而去，墙壁上只剩下两条没点眼睛的龙了。

◎ 这个成语现多比喻写文章或讲话时，在关键处用几句话点明要旨，使内容更加生动传神。

姑 | 妄 | 言 | 之

宋代大文豪苏轼在杭州、黄州、儋州等处做官时，喜欢与各类人聊天，并能根据对方的特点选择话题，使谈话气氛轻松活泼。

当大家没什么可谈时，苏轼就让人家讲鬼怪故事，如果对方推辞说鬼怪并不存在，苏轼就说："姑妄言之（姑且随便说说）。"

◎ 这个成语意为随便说说，内容并不一定可靠。

拓展

天花乱坠

传说梁武帝时，有一个名叫云光的法师天天讲经。由于他讲经讲得太好，把上天感动了，只见各色香花从天上纷纷落下，五光十色，耀人眼目。

◎ 这个成语比喻夸夸其谈，说得十分漂亮，但都不切实际。

鼓│盆│而│歌

　　战国时，庄子的妻子去世了，作为朋友，惠子前来吊唁。他看见庄子正叉开两腿随随便便地坐在地上，一边敲着瓦盆，一边唱歌。

　　惠子惊讶地说："你和妻子一起生活了那么久，她为你生儿育女，扶养老人。如今死了，你不痛苦也罢了，为何要敲着盆子唱歌，岂不太过分了吗？"

　　庄子回答说："她去世了，我难道不悲伤吗？可是一个人本来是没有生命的；不仅没有生命，而且没有形体；不仅没有形体，甚至还没有气息，处在若有若无之中。后来逐渐变成气，气变成形体，形体变成生命；现在又回归了自然，这就好像春夏秋冬四季更替一样。她现在已经平静地安息在天地这个大自然之中，我何必哭哭啼啼呢？我认为这样做是不通天命的表现。"然后庄子继续敲着盆，唱着歌。

◎ 这个寓言显示了庄子通达的生死观和对自然规律的深刻理解，鼓励人们以豁达的心态面对生活挑战。

扁鹊治病

　　扁鹊是战国时的一位医学家，医术高明。有一天，他去拜见蔡桓公，看了蔡桓公的面相后说："大王，你有病在皮肤里，如果不医治恐怕要加重。"蔡桓公说："我没什么病。"等到扁鹊走后，蔡桓公对边上人说："医师总喜欢给没病的人治病，以显示他的医术高明。"

　　过了十天，扁鹊又去拜见蔡桓公。他察看了蔡桓公的脸色后说："我看大王的病已深入肌肉里面去了，如果不治疗，还会加重。"蔡桓公听了很不高兴，没有理睬扁鹊。

　　再过了十天，扁鹊第三次去见蔡桓公时说："大王的病已经发展到肠胃里面去了，如还不治疗，病情会更加严重。"蔡桓公依然不理睬。

　　又过了十天，扁鹊在路上远远地望见蔡桓公，转身就走了。蔡桓公感到很纳闷，派人去问扁鹊。扁鹊说："大王的病已深入骨髓，我已经没办法了，所以我不再请求为大王治病了。"

　　五天过后，蔡桓公浑身疼痛，派人四处找扁鹊，而扁鹊已逃到秦国去了。不久，蔡恒公不治身亡。

◎ 这个寓言深刻揭示了一切事物都有其发生、发展的过程，人们要因势引导，防微杜渐。

刮｜目｜相｜看

　　吕蒙是三国时吴国大将，战功赫赫，但没读过什么书。上朝时，一些文臣认为他是大老粗，看不起他。吴王孙权对吕蒙说："你现在是将军了，要多读点书。"吕蒙却推说军务繁忙，没工夫读书。孙权反问："难道你比我还忙？我就经常读书，收获很大。"吕蒙从此发愤读书。有一次，鲁肃来拜访吕蒙。交谈中鲁肃发现，吕蒙能谈古论今，道理讲得很深刻。他拍着吕蒙肩膀说："你可不再是当年的吴下阿蒙了！"吕蒙笑着说："士别三日，当刮目相看，你不能再用老眼光看我啦！"

◎ 这个故事不仅告诉我们不能用一成不变的眼光看待他人，也强调了学习的重要性。

划粥断齑

　　范仲淹是北宋著名的政治家、文学家。他命途多舛，读书十分刻苦。在醴泉寺寄读时，他每天只煮一锅稠粥，凉了凝固以后划成四块，早晚各取两块，拌些腌菜下饭。二十三岁到应天书院求学期间，他的饭食被一位生活优裕的同学发现，对方送了一些美食给他，他竟一口不尝。同学怪罪，他长揖致谢："我已安于划粥割齑的生活，担心享受了美食，日后会咽不下粥和咸菜。"同学对他肃然起敬。

◎ "划粥断齑"形容生活十分艰苦。

含 | 沙 | 射 | 影

　　传说古代有一种很特别的动物，名叫蜮，它头上有角，身上长翅膀。这种虫可以飞到空中对人进行袭击。它没有眼睛，耳朵特别灵敏，听到人的声音，就会用口中含的沙进行射击。被射中的人会染上毒汁而生疮；即便人的影子被射中，也会生病。

◎　这个成语比喻暗中攻击或陷害人。

指桑骂槐

　　《红楼梦》描写接黛玉回贾府的贾琏回到家里，问候妻子，即贾府大总管凤姐，又问及别后家中诸事，凤姐说："我哪里管得这些事！见识又浅，口角又笨，心肠又直率，人家给个棒槌，我就拿起认作针了。……你是知道的，咱们家所有的这些管家奶奶们，哪一位是好缠的？错一点儿他们就笑话打趣，偏一点儿他们就'指桑骂槐'地抱怨。"

◎　这个成语比喻表面上指甲而暗中骂乙。

涸｜辙｜之｜鲋

一天，庄子家里揭不开锅，于是找监河候借粮。监河候说："好！过段时间我就收租税了，到时我借给你三百斤，你看可以吗？"

庄子愤怒地说："我昨天来的路上，听到有呼救声，回头一看，发现车辙中有一条鱼在挣扎。我问它：'鲋鱼，你在做什么呢？'鲋鱼回答说：'我是东海的水族，你可有一升半斗的水救活我吗？'我说：'好！我正要去见南方吴越的国王，让他们把西江的水引来迎接你，可以吗？'鲋鱼气愤地说：'我只求你给一升半斗的水活命，而你却说让江水来迎我，你还不如早点儿到干鱼铺里去找我呢！'"

◎ 这个寓言讽刺不着边际、华而不实的夸夸其谈。

望梅止渴

曹操是三国时著名的政治家、军事家，足智多谋。

一次，曹操率军出征，由于天气炎热，将士们口干舌燥，但是找不到水源。曹操非常焦急，担心这样下去会影响行军速度和战斗力。

忽然，曹操计上心来，他勒马跃上一个高坡，大声对全体将士说："前方有一片大梅林，酸甜的梅子可以解渴。"将士们一听，嘴里就沁出了口水，一下子缓解了焦渴的感觉。大家振作精神，加快了行军速度，顺利抵达前方有水源的地方。

◎ 这个寓言比喻凭借空想来安慰自己或别人，也启发人们在困境时要有信心与毅力。

后 | 来 | 居 | 上

汉武帝时，有位大臣叫汲黯。他为人正直、刚正不阿，每当汉武帝有什么不对，汲黯都要劝谏。有时，汉武帝虽不高兴，但也能接受他的劝谏，因为有利国家。

汲黯有两个同事：张汤、公孙弘，这两个人能力不强，但会迎合汉武帝。公孙弘当上了丞相，张汤任御史大夫，官位都比汲黯高。有一次，汲黯很不客气地对汉武帝说："皇上用人，就好像堆柴一样，把后面拿来的柴都放在上面，就根本不管哪根才是真正的好柴。"汉武帝知道他是在说自己任用张汤、公孙弘两个马屁精，满脸通红地走开了。

◎ 这个成语比喻后来的人和事进步很快，赶上或超过先前的。

青出于蓝而胜于蓝

荀子，战国时著名思想家，著有《荀子》三十二篇。其中《劝学》篇写道："青色是用蓝色调成的，但比蓝色悦目；冰是水凝成的，但比水要冷。"意指学生如果用功研究学问，经过一段时间的努力，会比老师更有成就。

◎ 这个成语比喻学生胜过老师或后来者胜过前辈。

后|羿|射|日

传说古时候，天空中曾有十个太阳，它们都是东方神帝俊的儿子。这十个太阳实际上是三足鸟，它们跟母亲住在东海边。它们经常在东海洗澡，洗完澡后，就像小鸟一样睡在扶桑神树上。九个太阳睡在较矮的树枝上，另一个太阳则睡在树梢上。当黎明需要晨光时，树梢上的太阳便坐着两轮车，在天空中穿梭，把光和热洒遍世界的每个角落。十个太阳每天一换，所以天地万物一片和谐。

可是，这样的日子过久了，这十个太阳就觉得无聊，他们想要一起周游天空。于是，当黎明到来时，十个太阳便一起爬上两轮车，穿越天空。这一下，大地上的人和万物就受不了了。树木着火了，河流干枯了，庄稼枯萎了，人和动物发疯似的寻找阴凉地方和能救命的水、食物。这时，年轻英俊的英雄后羿出现了。他是个神箭手，下决心射掉多余的九个太阳，帮助人们脱离苦海。

于是，后羿爬过了九十九座高山，穿过了九十九片沙漠，来到了东海边。他登上了一座大山，拉开了万斤的弓，搭上千斤的利箭，瞄准太阳射去。嗖，嗖，嗖，他箭无虚发，连续射掉了九个太阳。它们的羽毛纷纷落在地上，最后只剩下一个太阳。

从此，这个太阳每天早晨从东方的海边升起，晚上从西边的山上落下，人们重新过上了安居乐业的幸福生活。

◎ 这个故事反映了古代劳动人民不畏艰难、征服自然、改造自然的勇气。也让我们明白，面对困难要有大无畏的精神，要有锲而不舍、不达目标决不罢休的勇气。

沧海桑田

　　传说从前有位仙女，号称麻姑，有一次到蓬莱去，她看见那里的海水又比从前减少了一半，她说："难道这片海又要变成陆地吗？"又有一次，她遇见另一位仙人王方平，她对仙人说："我已经看见过三次东海变为桑田了。"

◎　"沧海桑田"原指海洋会变为陆地，陆地会变为海洋。后比喻人世间事物的快速变化。

狐｜假｜虎｜威

一天，有只老虎在森林中寻找野兽充饥，抓到了一只狐狸。狡猾的狐狸恐吓老虎说："我是天帝派到森林来的百兽之王，你要是吃我，天帝就要惩罚你。你如果不信，那就跟在我后面，看看其他野兽服不服我。"

老虎犹豫了一下，说："好，走吧！"于是，狐狸就大模大样地在前面开路，一路上其他野兽远远地看到老虎，都四散逃窜。

老虎看见这个情形，不禁有些心惊胆战，就放了狐狸。老虎不知道动物们怕的是自己，还以为它们真是怕狐狸呢！

◎ 这个寓言比喻依仗别人的权势吓唬人。

社庙之鼠

古代为了求得风调雨顺、五谷丰登，许多村落都建了社庙，来供奉土地神。经常有老鼠跑进社庙，它们在泥土墙壁和神像的肚子里打洞，偷吃供品。人们想要除掉庙里的老鼠，然而，如果用火烧烟熏，怕庙里起火；用水去灌鼠洞，又怕冲毁神像。因此，庙里的老鼠很难捕杀。

实际上，老百姓并不是没有办法消灭鼠患，而是不敢去毁坏社庙。

◎ 这个寓言比喻一些坏人依仗权势庇护作威作福，揭示了完善体制和制度的重要性。

画｜饼｜充｜饥

三国时期，魏国的大臣卢毓为官清正，深受魏文帝信任。他任吏部尚书，掌管官员的职务升迁后，魏文帝对他说："挑选人才，千万不要挑那些有名气但没有实际才能的人。名气就像画在地上的饼，能看却不能吃了充饥。"

◎ 这个成语比喻徒有虚名而无实惠，于事无补。也比喻借空想安慰自己。

纸上谈兵

赵括，战国时赵国名将赵奢之子。受父亲影响，自幼熟读兵书，谈论用兵之道，连父亲都讲不过他，母亲很是欣慰。赵奢却对妻子说："战争是关乎生死存亡的大事，赵括却把它说得很简单，如果他当将军，赵家必将遭受危难。"

公元前260年，秦国进攻赵国，赵国老将廉颇根据敌强我弱的情况，以守为攻，双方陷入僵持状态。赵孝成王中了秦国的反间计，以为廉颇年老怯战，让赵括代替廉颇为上将。赵母得知，坚决反对，结果未被采纳。赵括上任后，照搬兵书上的条文，完全改变廉颇战略，盲目出击，从而使赵军陷入秦军重围。赵国数十万军队做了秦军的俘虏，并全部被活埋。赵括因为只会纸上谈兵，结果兵败，自己也被乱箭射死。

◎ 这个成语比喻不联系实际情况，夸夸其谈。

黄 | 粱 | 一 | 梦

　　唐朝开元七年，道人吕翁在邯郸旅店遇到一个少年，名叫卢生。闲谈时，卢生感叹自己贫困，缺少功名。吕翁给了他一个瓷枕头，并说："你枕着它睡觉，可以实现一切愿望。"卢生入睡后，梦见自己娶了富家女子，考中进士，当上了河西节度使，最终升为宰相，封赵国公，享受荣华富贵，儿孙满堂。年纪老迈之时，他请求告老还乡，可是皇帝不准，卢生死于位上。梦到这里，卢生伸了伸腰，醒了过来。当他入睡时，店家正煮黄粱饭，他梦醒后，看到黄粱饭还没熟呢。吕翁笑着对他说："人生的事情，不过如此而已！"

◎ 这个寓言形容那些不切实际的幻想或美好的愿望最终落空。

庄周梦蝶

　　战国时，著名哲学家庄周在大白天做了一个梦。在梦里他变成了一只蝴蝶，飞翔在花丛中，感到非常自在和快乐。他一觉醒来，大吃一惊："咦，我怎么是庄周呢？刚才还是一只蝴蝶呢。是庄周在梦里变成蝴蝶了呢，还是蝴蝶在梦里变成庄周了呢？"由此他认为万物的一切始终处在梦境之中。

◎　这个寓言比喻人生如梦，启示人们不要执着于物质追求，更应关注内心的精神世界。

浑｜沌｜凿｜窍

南海神王，名叫儵；北海神王，名叫忽；中央神王，名叫浑沌。儵与忽很要好，他们常在浑沌所在的中央地区会面，受到浑沌的热情款待。

儵与忽十分感激，商量报答浑沌的恩惠："人人都有口、鼻、耳、目七窍，用于进食、呼吸、闻听、看视，唯独浑沌没有。我们试凿一番。"于是，两人一起动手，每天开凿一窍，七天之后，浑沌竟被凿得七窍流血死去了。

◎ 这个故事比喻办任何事都要考虑各自的特殊性，主观地强求一律，那就容易好心办坏事。

狗咬吕洞宾

吕洞宾，号纯阳子，是道教的八仙之一。

二郎神的哮天犬私自下凡祸害人间，刚开始修道的吕洞宾奉命拿法宝"布画"同许多天兵去收降。哮天犬修炼多年，刀枪不入，但天兵天将人多，它步步后退。退到一片园林时，哮天犬见有山有水，有树有花，还有许多小动物，猪、羊、鸡、鹅自由自在地游走吃食，它力穷肚饿，想都没想就跑了进去。吕洞宾见它入了画，慌忙把画卷起，卷到一半儿，又想到二郎神和师父有交情，如果哮天犬变成灰，如何与师父交代？如此一想，忙又将画摊开。摊到一半儿，忽然跳出的哮天犬，出其不意地咬了吕洞宾小腿一口。

◎ 这个故事告诉我们处理事情要分清真伪，去伪存真。故事还讥讽了那些恩将仇报的人。

兼｜听｜则｜明

魏徵，唐朝贞观名相，性格耿直，以敢于直谏闻名。

一次，唐太宗问魏徵："作为君主，怎样才能明辨是非，不受蒙蔽呢？"魏徵回答："如果能听取方方面面的意见，就可以得出正确的结论；如果只听信一面之词，就会因考虑问题片面而办错事情。"唐太宗听了，深表赞同。

◎ 这个成语指广泛地听取多方面的意见，才能明辨是非。

集思广益

三国时，蜀主刘备去世前把军国大事托付给丞相诸葛亮。为了不负先主，诸葛亮殚精竭虑，鞠躬尽瘁。

为鼓励部下参与政事，诸葛亮写下了《教与军师长史参军掾属》这篇文告，文告写道："让大家都来参与议论国家大事，是为集中众人的智慧和意见，广泛地听取各方面有益的建议。"

◎ 这个成语指集中群众的智慧，广泛吸收有益的意见。

嗟｜来｜之｜食

战国时，有一年齐国发生严重饥荒，有个叫黔敖的财主想发点"善心"，在路边摆上一些食物，说是要施舍给饥民。一个饿得不成样子的人走了过来，黔敖左手拿起食物，右手端起汤，吆喝道："喂，过来吃吧！"

那饿汉张大眼睛瞧了瞧黔敖，愤然说："我就是因为不愿抛弃尊严吃这种有侮辱性的、施舍给我的食物，才饿成这样子的！"终于不食而死。

◎ 这个成语比喻带有侮辱性的施舍。

残羹冷炙

颜之推，北齐时期的文学家，学识渊博，著有《颜氏家训》传世。此书以儒家的传统思想作为立身治家之道，对后世影响巨大。

《颜氏家训》中有告诫："不能因为有点称赞，你就去受权贵驱使；不能处在低下的座位上，受取权贵屈辱的施舍。"

◎ 这个成语比喻别人施舍的东西。

竭｜泽｜而｜渔

春秋时期，晋国和楚国在城濮交战，晋文公问大臣狐偃："敌强我弱，有什么制胜之道呢？"狐偃回答："兵不厌诈，可用欺诈之术。"晋文公把这话告诉了另一位大臣雍季，征询他的意见。雍季不太同意狐偃的想法，提出了告诫："把池塘的水抽干了捉鱼，怎么会捉不到呢？不过明年就没鱼可捉了。用欺诈的办法一次当然可行，可是以后就没法再用了，这终究不是长久之计。"

◎ 这个成语比喻只管眼前利益而不顾后果。

拓展

焚林而猎

春秋时期，晋文公准备和楚军作战，召来雍季问道："我准备和楚军作战，敌众我寡，怎么办？"雍季回答："焚烧树林来打猎，暂时能多猎取些野兽，可以后必定猎不到了；用欺诈的手段对待民众，能得一时之利，可以后民众必不会再次上当。"晋文公赞同雍季的主张，认为要符合长远利益。

◎ 这个成语比喻只图眼前利益，不顾长远大计。

惊|弓|之|鸟

更嬴，战国时魏国将军，擅长射箭。一天，他陪魏王到野外游玩，看到空中飞来一只大雁，就说："我只要拉一下弓，不用射箭，就能把大雁射下来。"魏王不信，更嬴就瞄准大雁，一拉弓弦，这只大雁立刻从天上跌落下来。

魏王夸奖他本领大，更嬴解释说；"这只大雁飞得很慢，叫声凄惨，肯定身上有伤。现在听到弓弦响，一惊吓使劲飞，伤口开裂就跌下来了。"

◎ 这个成语比喻受过惊吓的人，遇到风吹草动就惶恐不安。

谈虎色变

宋代大学者程颐十分注重实践，认为只有实践，才能获得真知。他说："从前我亲眼见过一个农夫，他曾被老虎咬伤过。有人提起老虎伤人，唯独农夫的脸色特别紧张。"他接着说，"像老虎能够伤人这样的道理，虽然仅有三尺高的儿童都晓得，但是他们并不真正知道老虎伤人的可怕。他们没有这方面的知识，真正具有这方面知识的，只有像农夫这样被老虎咬伤过的人。"

◎ 这个成语比喻一提及某事就非常紧张。

精｜卫｜填｜海

远古时代，有一座发鸠山，山上长着许多柘树。树上有一种鸟，它的形状像乌鸦，头上有花纹，白色的喙，红色的脚，名字叫"精卫"。它总是呼唤自己的名字。它本是远古时期教人种植五谷的炎帝的女儿，名叫女娃。有一天，女娃在东海游玩，不幸溺水而亡，因此变成了精卫鸟。精卫每天都不停地衔来山上的树枝和石块，投到海里，决心要把淹死它的东海填平。

◎ 这个故事比喻有深仇大恨，立志必报。也比喻不怕艰难险阻，勇于拼搏，不达目的，誓不罢休。

拓展

女娲补天

相传远古时代，四根擎天柱倾倒，天崩地裂，洪水泛滥，凶猛的野兽吃人，凶猛的禽鸟用爪子抓老人和小孩。女娲不忍人类受灾，就决心炼石补天。她在天台上炼了四年，炼出36501块五色石，于是天上有了彩虹、彩霞。天补好了，可是找不到支撑四极的柱子，女娲只好将背负天台的神鳌的四只足砍下来支撑。从此，人们过上了平静的生活。

◎ 面对危险与困难，要善于运用智慧，要有奉献精神。

九 | 牛 | 一 | 毛

西汉大将李陵率兵与匈奴作战，因兵力悬殊，最后战败投降。司马迁为李陵辩护，被汉武帝处以"腐刑"。受到这种摧残，司马迁想自杀，但想到自己的史学著作还没有完成，如果这时死了，在有权势的人眼中，也不过像"九牛亡一毛"，毫无价值。于是他忍辱负重，用毕生精力完成了伟大的著作《史记》。

◎ 这个成语比喻微不足道。

拓展

一毛不拔

杨朱，战国时魏国人，哲学家。他创立了"为我"学说，提倡极端的利己主义，从而受到墨家和儒家的抨击。孟子说，杨子的主张，一切为我（自己），即便拔一根毛就可以造福世界，他也不肯做。因此，杨子的学说淹没在历史的尘埃之中。

◎ 这个成语形容为人非常吝啬自私。

居│安│思│危

春秋时期，郑国被多国围攻。郑国为了求和，献给晋国很多兵车、珍宝和歌女。

晋悼公非常高兴，拿出一部分礼物赏赐给功臣魏绛，魏绛推辞不受，他说："我的功劳算不上什么。虽然现在晋国很强大，但是我们绝对不能因此而大意，希望君主居安思危，思则有备，有备无患。"

◎ 这个成语指处在安定的环境中，也要想到可能发生的危难。

拓展

枕戈待旦

西晋末年，刘琨和祖逖是好朋友，都胸怀大志，准备报效国家。后来，祖逖先被朝廷任用，带兵抵御外敌入侵，立了大功。

刘琨得知后，心情无比激动，他给亲友写信说："我平日枕戈待旦，立志杀敌报国，唯恐落在祖逖后面。"

◎ 这个成语形容时刻警惕，随时准备与敌作战。

开 | 诚 | 布 | 公

诸葛亮是三国时蜀汉一位著名的政治家和军事家。他出山后，先辅佐刘备建立了蜀国，刘备死后，又竭尽全力辅佐后主刘禅。他主政期间，励精图治，赏罚分明，为当时和后人所称道。

《三国志》作者陈寿在评语中赞道：诸葛亮任丞相时爱护百姓、秉公办事、诚心待人、坦白无私。

◎ 这个成语比喻诚意待人，坦白无私。

倒屣相迎

蔡邕，东汉献帝时著名文人，官任中郎将。他十分好客，家里常常是高朋满座。一天，家人来报，称门外来了一位叫王粲的客人。蔡邕慌忙跑出去迎接，急急忙忙把鞋子穿反了。

待王粲进客厅，客人们一看，惊呆了。原来王粲是一名少年，身材又瘦小。蔡邕看到大家的惊愕神色，赶忙介绍说："王粲此人，才能非凡，我不及也！"

◎ 这个成语形容热情欢迎宾客。

刻 | 舟 | 求 | 剑

战国时，一个楚国人带宝剑乘船。他在船舷处观景时，一不小心，佩剑掉进了水里。船上其他人劝他赶紧打捞，他却说："没关系，我用小刀在舷上刻了个记号，等船靠岸边再找不迟。"船靠岸后，他按记号处下水寻找宝剑，结果当然不会找到。

◎ 这个寓言讽刺那些墨守成规、自以为是的人。

拓展

守株待兔

战国时，宋国有一个农夫正在田里劳动，忽然看见有只野兔狂奔过去，不知怎的撞到大树上，死了。于是这人上前捡起兔子，高兴极了。

从此，这个农夫不再种田，而是成天守在大树旁，一心想着再捡兔子。可是，他再也没捡到过兔子，田却荒芜了。

◎ 这个寓言告诫人们不能墨守成规，把偶然当必然；也讽刺妄想不劳而获的侥幸心理。

空｜前｜绝｜后

晋朝顾恺之，绘画闻名于世。他画人物，从来不点眼珠。有人问其原因，他说：传神之处，正在这个地方。当时人称三绝：才绝、画绝、痴绝。张僧繇，南北朝时梁朝大画家。他善画人物及佛像，"画龙点睛"即是形容他画技精妙。唐朝吴道子，集绘画、书法大成于一身。他在寺观的墙壁上画了《地狱变相图》，相传看过这幅画改过自新的大有人在。

后人评价这三个画家时，认为顾恺之的成就超越前人，张僧繇的成就后人莫及，而吴道子则两者兼而有之。

◎ 这个成语比喻某件事情或某种艺术成就超绝古今，形容独一无二。

拓展

叹为观止

公元前544年，吴国公子季札出使鲁国，鲁国设宴款待，并为他表演周朝的舞蹈音乐。季札精通各种高雅音乐，一边观赏，一边内行地予以品评。当他看到《象箾》舞时，高兴地说："美好啊！但尚有缺憾。"看到《大武》舞时，说："美好啊！显示出周朝兴盛气象。"看到《韶箾》舞时，说："其德达到顶点了，伟大啊！欣赏这种舞乐，真正达到止境了！"

◎ 这个成语赞叹所看到的事物已经好到顶点，达到无以复加的程度。

孔 | 子 | 问 | 道

孔子四十余岁时，已闻名于世，前来拜师的人很多，但他仍谦虚好学。相传公元前约523年至498年，他曾三次携弟子拜见老子，请教何为仁义、天道等问题，每次都受益匪浅。尤其是老子讲的上善若水，使孔子茅塞顿开。

许多弟子曾问孔子："先生拜访老子，见到了吗？"孔子说："见到了！"又问："老子学识如何？"孔子说："鸟，我知道它能飞；鱼，我知道它能游；野兽，我知道它能跑。这些用网、钩、箭都能捕捉到。至于龙，我就不知道了，它乘风而行，驾云上天。老子就像龙，学识渊深莫测，志趣高远难知。他真是我的老师啊！"

◎ 这个故事启发我们要敏而好学，不耻下问；要加强自身修养，造福社会。

龙场悟道

　　王阳明是中国思想史上影响力最大的思想家之一。公元1506年，35岁的他因仗义执言得罪大宦官刘瑾，被贬谪至贵州龙场。此处环境恶劣，缺粮、生病、远离亲人的他只能躲在一个山洞里栖身。

　　在物质和精神的绝境中，他对人生、世界、信仰、追求重新进行思考。一天半夜，他忽然顿悟"圣人之道，吾性自足"，从而提出心即理的命题，这就是"龙场悟道"。

　　王明阳认为，圣人之道是什么，就是良知。良知人人都有，人生修养就是致良知。在此基础上，他提出加强修养的四条途径：立志、勤学、改过、责善，从而达到知行合一。

◎ 这个故事告诉我们面对艰难困苦，要加强修养，修身、养性，知行合一。

口｜蜜｜腹｜剑

唐玄宗时期的宰相李林甫，才艺不错，字画也好，但作风不正，品德不好。凡才能比他强、声望比他高的人，他都十分嫉妒，千方百计地暗害人家。他和人交往时，表面上总是装得非常忠厚和善，说起话来甜言蜜语，但实际上秉性狡猾，满肚子的毒计。人们在长期的生活中认清了他的本质，于是称他为"口有蜜，腹有剑"的人。

◎ 这个成语形容那些口是心非、阴险狡诈的伪善者。

拓展

笑里藏刀

唐高宗时，有一个奸臣叫李义府，他用阿谀奉承的手段骗取了皇帝的信任，窃取了右丞相的高位。他外貌和蔼谦恭，脸上总是带着微笑，但心地阴险狡诈，冒犯过他或不服从他的人，都会遭到他的毒手。当时，人们背地里给他取了个绰号，叫"笑中刀"。

◎ 这个成语形容外表和善、内心阴险狠毒的人。

口｜若｜悬｜河

晋朝时，有个大学问家，名叫郭象。他学识渊博，洞察世事，以研究学问和谈论哲理为乐事。郭象口才很好，语言生动，人们听他谈论各种话题，都觉得津津有味。

太尉王衍称赞道："郭象说话，好比悬河泻水，从来没有枯竭的时候。"

◎ 这个成语形容能言善辩，滔滔不绝。

滔滔不绝

张九龄，唐玄宗时的宰相，著名诗人，为人正直，主张用人不循资格。

张九龄口才极好，擅长辞令和论辩，每当和宾客们讲书论经时，总是滔滔不绝，像顺着斜坡滚弹丸一样，顺利无阻。

◎ 这个成语形容话多，连续不断。

夸 | 父 | 追 | 日

　　远古时代，有一个神人名叫夸父。他有一个伟大的志向，想要追上太阳。那一天，太阳刚刚从地平线上露出半边脸，夸父便甩开两条长腿追。到了下午，夸父追赶着太阳到它要落下的山谷处。此时，夸父感到极其口渴，必须马上喝大量的水。

　　于是，夸父跑到黄河边，一口气将黄河的水喝得精光，使黄河显出了河床。但他还是很渴，又跑去喝渭河的水，渭河的水也让他喝干了。然而，夸父仍然没有止渴，胸间如有火烧。

　　这时，他想起了北方的雁门山下有一个大湖。"那里水多，一定能让我止渴。"他又迈开步伐向北而去。

　　但是夸父实在渴得难受，几乎连路也走不动了。大湖又那么遥远，一时难以赶到。夸父艰难地走了一阵，还是没有赶到大湖，他便因过度干渴而倒地死了。

　　夸父倒地时，扔下了他的手杖，手杖化作了一大片桃林，绵延数千里。

◎ 这个故事形容志向虽然远大，但难以成功。亦比喻有雄心壮志的人，或不自量力的人。

嫦娥奔月

后羿射下九个太阳为老百姓除了害，大伙儿都很敬重他。很多人拜他为师，跟他学习武艺。有个叫逢蒙的人，奸诈贪婪，也随着众人拜在后羿门下。

后羿的妻子嫦娥是个美丽善良的女子。一天，昆仑山上的西王母送给后羿一颗仙药。据说，人吃了这种药，不但能长生不老，还可以升天成仙哩。可是，后羿不愿意离开嫦娥，就让她将仙药藏在百宝箱里。

这件事不知怎么被逢蒙知道了，他一心想把这颗仙药弄到手。八月十五早晨，后羿要带弟子出门去，逢蒙假装生病，留了下来。到了晚上，逢蒙手提宝剑闯进后羿家里，威逼嫦娥把仙药交出来。嫦娥说不知道有仙药，逢蒙就翻箱倒柜四处搜寻。眼看就要搜到百宝箱了，嫦娥马上冲过去取出仙药，一口吞了下去。嫦娥吃了仙药，突然飘了起来，越飞越高，一直朝月亮飞去。

后羿回家不见了妻子，就冲出门外，只见皓月当空，圆圆的月亮上，一只玉兔在桂花树下跳来跳去。啊！嫦娥正站在一棵树旁深情地凝望着自己呢。"嫦娥！嫦娥！"后羿连声呼唤，不顾一切地朝月亮追去。可是他向前追三步，月亮就向后退三步，怎么也追不上。

乡亲们很想念好心的嫦娥，在院子里摆上嫦娥平日爱吃的食品，遥遥地为她祝福。从此，每年农历八月十五，就成了人们企盼团圆的中秋佳节。

◎ 这个故事反映了人们对亲情和爱情的珍视，对家庭和谐与幸福的追求。

脍|炙|人|口

　　春秋时的曾参是个孝子，他的父亲曾晳喜欢吃羊枣，父亲死后，曾参就再也不吃羊枣了。此事被儒家传为美谈。

　　后来，孟子的学生公孙丑就这件事向老师提出疑问："脍炙（精美的肉食）与羊枣哪个更好吃？"孟子说："当然是脍炙。"公孙丑说："那么曾参父子一定都爱吃脍炙，可为什么父亲死后，曾参只戒羊枣，而不戒脍炙呢？"孟子回答说："脍炙大家都爱吃，羊枣却是曾晳的特殊嗜好，所以曾参不再吃羊枣而继续吃脍炙。"

◎ 这个成语比喻人人赞美，多有传诵（多指诗文）。

拓展

不胫而走

　　三国时代，孔融的好朋友盛孝章住在东吴。那时，吴主孙策对有名望的人深为忌恨。盛孝章是一个很有名望的人，孔融很担心，于是写信给曹操，劝他招纳盛孝章，信中写道："如果你要匡复汉室，就要求贤；而要求得贤人，就要尊贤。这样，有才德的人，就会自然来投奔你。这就好像'珠玉无胫而自至者，以人好之也'。"

◎ 这个成语比喻事情无须推行，就已迅速地传播开去。

鲲｜鹏｜展｜翅

北边的大海里，生活着一条大鱼，名叫鲲。那鲲真是大极了，谁也说不清它有几千里长。它变成一只大鸟，名叫鹏。鹏的脊背，也不知道有几千里大；它展翅高飞，翅膀就像天边的一大片云彩。

大鹏飞向南海时，先用两翼击水三千里，再飞上九万里的高空，超越云层，背负青天。

◎ 后人用"鲲鹏展翅"比喻志向远大。

任公子钓鱼

战国时，任国一位公子钓鱼。他人蹲在会稽山上，用五十头壮牛晾制的干肉做鱼饵，把大鱼钩和很长的钓线甩到东海里。然后，他天天安心地钓着。整整一年过去了，他还没钓着鱼。

后来，终于有条大鱼上钩了，只见它东冲西撞，上下翻腾，使得海面上白浪淘天，声震千里。

任公子捕得这条大鱼后，将它分割制成干肉送出去，全国的老百姓后来都吃腻了。

◎ 这个寓言告诉我们要成就大事，必定胸怀大志，敢闯敢干，持之以恒。

困｜兽｜犹｜斗

春秋时期，晋国和楚国城濮之战，晋军大胜。在举国欢庆之际，晋文公却面无喜色，忧心忡忡。大臣们很奇怪，问他："我们打了大胜仗，您怎么反而忧愁呢？"晋文公说："楚军的主帅得臣还在，不能就此放心呀！一头野兽被困住了还要挣扎，何况他是一国的重臣呢？"

后来，楚王因故杀了得臣，晋文公才露出笑容说："现在楚国又败了一次，楚国今后两代都兴旺不起来了。"

◎ 这个成语比喻处在绝境中的人或集团，还要做最后的挣扎。

拓展

强弩之末

韩安国是汉武帝时的御史大夫。当时，汉朝与匈奴时而战争，时而议和。有一次，匈奴派使者来议和，汉武帝叫大臣们讨论。有的大臣不同意议和，还主张讨伐，韩安国反对说："现在匈奴兵力强大，如果我们出兵千里围剿，会给匈奴以逸待劳得以制胜的机会。这情形就像射出的箭矢，最后没力量的时候，连最薄的绸缎也无法穿破；狂风的尾力，连极轻的羽毛也吹不动。因此发兵征讨不是上策，应该答应和亲。"

汉武帝采纳了韩安国的建议，保持了国家的和平与稳定。

◎ 这个成语比喻原来强大的力量已经衰竭，起不了什么作用。

滥 | 竽 | 充 | 数

战国时，齐宣王喜欢听宫中乐队吹竽，特别喜欢听合奏，三百名吹竽乐手一起吹起来，场面非常壮观。

有位南郭先生申请加入乐队，齐宣王给了他很高的俸禄。后来齐宣王死了，齐湣王即位，他也喜欢听吹竽，不过他爱听独奏。他叫乐手轮流演奏，命令一下，南郭先生悄悄溜走了。原来，他根本不会吹竽。

◎ 这个寓言告诉我们没有真实本领的人终将会被发现。

拓展

画鬼容易

战国时，有位画师去为齐王画像，齐王问他："什么东西最难画？"画师回答："狗与马。"齐王又问："那什么东西最容易画？"画师说："鬼最好画。"齐王感到好奇，问："为什么呢？"画师说："因为鬼怪谁也没见过，想怎么画就怎么画；狗与马大家天天见到，画得再好也不可能一模一样。"

齐王听了，说："我明白为什么画鬼容易了。"

◎ 这个寓言告诉我们，一些普通的事做起来并不容易，非下苦功不可。

老|当|益|壮

马援，东汉名将。他在扶风郡任小吏时，有一次奉命押送一批犯人去长安。他见犯人们可怜，走到半路都放了，自己则逃到甘肃种地放牧。

此时恰逢皇帝大赦天下，马援得以赦免。由于他经营有方，几年工夫，就拥有数千头牛马羊及大批土地。但是，马援对富有的生活并不满足，他常对门客说："大丈夫在世，要'穷当益坚，老当益壮'才对。"

后来，马援投身战场，最终成为东汉著名将领，立下了赫赫战功。

◎ 这个成语形容仁人志士不服老，任何情况下都保持旺盛的斗志。

拓展

老骥伏枥

公元207年，曹操北征乌桓，在凯旋途中经过渤海，登临碣石，不禁心潮澎湃，挥笔写下著名诗篇《龟虽寿》，意为："神龟虽能活几千年，可是它还会死的；神蛇能乘云雾升天，可是它终会死去化为灰烬。千里马虽然年老卧在马棚里，可是仍旧志在驰骋千里；胸怀远大志向的人到了迟暮之年，其雄心壮志也不会消逝。"表达了曹操的豪情壮志。

◎ 这个成语形容虽然年迈但壮志犹存。

买椟还珠

古代，一个楚国商人到郑国卖珍珠。为了吸引顾客，他用名贵的木料制作匣子，并用名贵的香料熏得幽香无比，匣子上还镶嵌了珠玉。

一个郑国人看中了这个精美的匣子，花了大价钱把它买下，但他只拿走了匣子，却把珍珠还给了楚国人。

◎ 这个寓言比喻取舍失当，重形式不重内容。

舍本求末

战国时，齐王派使臣访问赵威后。威后没拆信，先问使臣说："贵国的庄稼好吗？老百姓好吗？君主好吗？"使臣心里很不痛快地回答："我是奉命来问候你的，你不问王，先问庄稼和老百姓，难道是先贱而后贵吗？"威后说："你观念不对，没有庄稼，哪里有老百姓？没有老百姓，哪来的国君呢？难道要先舍根本去问末事吗？"

◎ 这个寓言意指有些人做事放弃根本的、主要的环节，而只追求细枝末节。

盲人摸象

古时候，有个皇帝召来了一批瞎子，让他们各摸大象的一部分，然后问他们："大象是什么样子的?"摸象腿的说："像根柱子。"摸象鼻的说："像一条大蟒蛇。"摸象耳朵的说："像一把扇子。"摸象牙的说："像一根长萝卜。"摸象尾的说："像一根绳子。"盲人们谁也不服谁，吵个没完。

◎ 这个寓言说明了认识事物要多角度、全方位，不能以偏概全。

窥豹一斑

王献之是东晋大书法家王羲之的儿子，从小聪明好学。一天，他在看父亲的几个学生玩骰子游戏，见双方互有胜负，就说了一句很内行的话："南边的风力不强。"那学生见王献之小，就开玩笑说："此郎亦管中窥豹，时见一斑。"意思是说，小孩只看到了一块豹斑纹，却以为这是豹子了。

王献之知道这是嘲笑，就说了一句"你们不要小看人"，然后愤然离去。

◎ 这个寓言比喻只看到事物的一部分。

门｜可｜罗｜雀

汉武帝时，有两个极有名的贤臣：汲黯、郑庄。在他们位高权重时，前去拜访的人非常多，家门口真是车水马龙，往来宾客络绎不绝。等到他们丢了官，家门口变得冷冷清清，鸟雀成群，几乎都可以张网捕捉了。

后来，他们恢复了官职，拜访的人又成群结队，世态炎凉让人感叹。

◎ 这个成语形容门庭冷落，宾客稀少。

拓展

寥若晨星

唐代时，佛教、道教盛行，全国各地建了不少寺庙和道观，各教派聚众讲学争取信徒。在寺庙众多的华山县，佛教讲得很成功，听讲者熙熙攘攘；而道教讲学时，门庭却很冷落。

文学家韩愈写了一首《华山女》诗，来讽喻佛道两家争取信徒的情形，诗中写道："黄衣道士亦讲说，座下寥落如明星。"

◎ 这个成语比喻为数很少。

孟｜母｜三｜迁

　　孟子名轲，三岁丧父。母亲很有教养，非常重视儿子的教育。

　　孟子小时候贪玩，模仿性很强。他家原住在坟地附近，孟子常常玩筑坟墓或学别人哭拜的游戏。孟母认为这样对儿子成长不利，就把家搬到集市附近。孟子又模仿别人玩做生意和杀猪的游戏。孟母认为这环境也不好，就把家搬到学堂旁边。孟子就跟着学生们学习礼节和知识。

◎　这个故事强调了环境对人的影响及父母应重视对子女的教育。

孔鲤过庭

　　陈亢是孔子的学生。有一次，他碰到老师的独子孔鲤，就问："老师对你会有特别的教诲吧?"孔鲤回答："没有啊。有一次父亲站在堂上，我快步从庭中走过，他问我：'学《诗》了吗?'我说：'没有。'他说：'不学《诗》，就不懂得怎么说话。'我回到房间就学《诗》。又有一天，父亲又一个人站在堂上，我从庭中走过，他问：'学礼了吗?'我说：'没有。'他说：'不学礼就不懂得怎样立身。'我回去就学礼。我就听到过这两件事。"陈亢回去高兴地说："我提一个问题，得到三个方面的收获，听到关于《诗》的启发，听到关于礼的启发，又听到君子不偏爱儿子的启发。"

◎ 这个故事反映了孔子对教育的重视，体现了学习经典、注重礼仪的重要性。

名｜落｜孙｜山

宋朝时，有一个名叫孙山的才子，他为人幽默风趣，爱讲笑话。

有一次，他和一个同乡的儿子同去京城赶考。放榜出来，孙山名列榜文的最后一名，而同乡的儿子却没有考中。孙山先回到家乡，同乡便向他打听儿子有没有考中，孙山不便直说，于是就随口吟了两句："解名尽处是孙山，贤郎更在孙山外。"

从此，人们把参加各类考试没有被录取的情况叫作"名落孙山"。

◎ 这个成语比喻考试落第或选拔未被录取。

金榜题名

唐代诗人何扶进士及第后，接连收到中榜的捷报，于是他写了一首诗赠给同年赴考的考生，其中写道："金榜题名墨尚新，今年依旧去年春。"意指金榜题名只是功名之始，自己成就尚微。

◎ 这个成语泛指升学考试被录取或在各类比赛中榜上有名。

磨 | 杵 | 成 | 针

　　唐代大诗人李白小时候非常顽皮，一度不认真读书。一天放学后，李白在路边看到一位老婆婆正在吃力地磨着一根铁棒。李白非常好奇，便问道："老奶奶，你磨这根铁棒干什么呀？"老婆婆说："我要把它磨成一根绣花针。"李白顿有所悟，从此不再贪玩，发奋学习，终于成为中国历史上最杰出的诗人之一。

◎ 这个成语比喻做事要有毅力，勤奋不辍就会成功。

水滴石穿

　　宋朝时，有个叫张乖崖的人，任崇阳县令。有一次，一个管理县衙钱库的小吏头巾上藏着一枚钱，被张乖崖撞见，库吏承认是自己偷的。张乖崖下令杖打，库吏不服，叫喊道："偷一枚钱有什么了不起，却要杖打我？由你杖打好了，反正你不敢杀我。"张乖崖拿起笔来，宣判说："一天一钱，千日千钱，绳锯木断，水滴石穿。"张乖崖吩咐衙役把库吏押向刑场，斩首示众。从此，崇阳的社会风气大为好转。

◎ 这个成语比喻坚持不懈，集细微的力量，久久为功，可以成就大事。

目 | 不 | 窥 | 园

西汉时，广川出了一位著名学者，名叫董仲舒。他少年时学习就非常刻苦，早上起来读书，一直读到深夜才睡觉。据说，他的书房紧靠姹紫嫣红的花园，但他专心读书时，曾有三年没跨进过花园，甚至连看都没有看过一眼。

◎ "目不窥园"形容学习专心致志。

洛阳纸贵

左思是西晋时著名的文学家。他其貌不扬，也不善言辞，为此刻苦学习，博览群书。为了写作《三都赋》，他构思了十年。那段时间，他家里堆满了资料，走廊、庭院里，就连厕所里都放着纸和笔，一想到什么精彩的句子，就随时记录下来。当时享有盛誉的学者皇甫谧阅后，亲自为该书写了序言，《三都赋》很快就传遍都城洛阳。人们争相传阅抄写，一时间竟让洛阳的纸张供不应求，价格大涨。

◎ "洛阳纸贵"后常用于比喻好的文章风行一时。

南｜柯｜一｜梦

从前，有个人叫淳于棼，家住广陵郡，喜爱喝酒。

一天，淳于棼喝醉了酒，便躺在家门前的大槐树下睡大觉。迷迷糊糊中，他看见两个穿着紫色衣服的人过来跪拜说："奉槐安国王之命，特来邀请。"他就跟着两个人来到了大槐安国城内，拜见国王。

槐安国王将公主许配给他，还任命他为南柯郡太守。他一做就是三十年，享尽荣华富贵。可是乐极生悲，公主生病死了，檀萝国又打了进来。他领军出战，结果吃了败仗。从此，国王不再信任他，不但免去了他的官职，还差人送他回老家广陵郡。

淳于棼愧悔万分，猛地醒来，原来这是一场大梦。他发现自己在树下躺着，家人还在打扫院子。他家门前的大槐树上有个蚂蚁洞，他梦中的大槐安国就是这个蚂蚁洞，而洞旁有一条孔道，往上直通向南，大概就是所谓的"南柯郡"。

◎ 后人用"南柯一梦"比喻一场梦，或者是空欢喜一场。

崂山道士

县里有个姓王的书生，排行老七，从小就羡慕道术。他听说崂山上仙人很多，就背上行李，前去寻仙访道。他登上一座山顶，看见一所道观，环境非常幽静，有个道士坐在蒲团上，白头发垂到脖颈上。王七上前行礼，请求他收自己为徒。道士说："恐怕你吃不了苦。"王七回答："我能吃苦。"对方便让他留下了。

第二天，道士交给王七一把斧头，让他随其他徒弟一起去砍柴。一个月下来，王七手脚都磨出了老茧，他再也忍受不了这样的苦，暗暗产生了回家的念头。

有一天傍晚，他看见三位客人与师父共坐饮酒。天已经晚了，还没点上蜡烛，师父就剪了一张圆镜形状的纸，贴在墙上。一会儿，那纸就变成了一轮月亮，光芒四射。一位客人说："良宵美景，大家一起享受。"就从桌上拿起酒壶，把酒分给众弟子，叫大家尽情畅饮。王七心想，七八个人，一壶酒怎么够喝？然而众人不断地倒，壶里的酒一点也不见少。过了一会儿，一位客人说："光这样喝太单调了，为什么不叫嫦娥来呢？"于是就把筷子向月亮扔去，只见一个美女从月亮中飘出，翩翩起舞，还唱道："神仙啊，你回到人间，却为什么把我幽禁在广寒宫！"歌声美妙，她唱完歌又飘然而起，跳到桌子上。大家正惊奇，她已还原为筷子。又一位客人说道："今晚最高兴了，然而我快喝醉了，三位陪我到月宫喝杯饯行酒，好吗？"于是四人移动座位，渐渐进入月宫。众弟子仰望四人，见其坐在月宫中饮酒，连胡子眉毛都看得清清楚楚。过了一会儿，月光渐渐暗下来，弟子点上蜡烛来，只见道士独自坐在那里，客人已不知去向。道士问众弟子："喝够了吗？"大家说："够了。"王七心里十分惊喜，又想留下来了。

又过了一个月，王七实在忍受不了砍柴的劳累，而道士连一个法术也没传授。他憋不住，就向师父说："弟子从没受过这样的苦，我想回家了，临走前能否教我点小法术，也算我没白跑一趟。"道士问："你想学点什么？"王七说："我平时见师父所到之处，墙壁也挡不住，我想学这法术。"道士笑着答应了。于是就传授他秘诀，让他自己念完了口诀，道士大声说："进墙去。"王七向墙奔跑过去，回头一看，发现身子果然在墙外了。王七非常高兴。道士说："回去后要洁身自好，否则法术就不灵验。"于是就给他些路费，打发他回家了。

王七回到家里，夸耀自己遇到了仙道，他的妻子不相信。王七便仿效起那天的动作，朝数尺外坚硬的墙奔去，结果头一撞墙就跌倒在地。妻子扶起他一看，只见额头上鼓起一个大包。妻子讥笑他，王七又惭愧又气愤，骂老道士没安好心。

◎ 这个故事告诉我们要想成就一件事，必须端正学习态度，下得了苦功夫，不能急于求成。

南｜辕｜北｜辙

战国时，魏国大臣季梁在大路上碰到一个人，他说要去楚国。楚国在南方，他却驾车往北走。季梁问："楚国在南，你怎么往北啊？"那人回答："我的马跑得快。"季梁说："可方向不对啊！"那人又说："我的路费多。"季梁说："钱再多也到不了楚国呀！"那人回答："我的车夫驾车水平高。"

季梁望着他远去的车子，叹气说道："方向错了，只会离楚国越来越远啊！"

◎ 做任何事情必须明确方向，否则条件再好，也终究达不到目标。

抱薪救火

战国时，秦国向魏国接连发动大规模进攻，魏国军队连连失利，大片土地丢失。在秦国逼近大梁时，魏王召集群臣商议对策，多数大臣主张割地求和，只有谋士苏代极力反对。他给魏王讲了一个故事：从前有一个人，他的房子着火了，他没有找水灭火，而是抱了一堆柴火去救火，结果火越烧越旺。苏代说，秦国是贪得无厌的，割让土地就像抱薪救火，只会让秦国不断进攻。

魏王不听，还是将南阳割让给秦国。不久，魏国终为秦国所灭。

◎ 这个寓言形容处事不得法，反而会造成更严重的后果。

囊｜中｜取｜物

　　五代纷乱时期，后唐名士韩熙载，因家族变故准备下江南投奔吴国。好友李毅前来送行，酒酣道别时，韩熙载说："江南若能任用我为宰相，我定率军迅速平定中原。"李毅也不示弱，说："中原国家如果任用我为宰相，那么攻取江南就像把手伸进口袋取东西那样容易。"

　　韩熙载到江南不久，吴国就被南唐攻灭。但南唐政局也不稳，奸臣当道，他一直未获重用。李毅则做了后周的将领，奉命征伐南唐，屡建战功，不过，他当宰相的抱负也没有实现。

◎ 这个成语比喻办成事情轻而易举。

拓展

唾手可得

　　东汉末年，中原军阀混战，匈奴常常犯边。驻守幽州的将领公孙瓒喜爱白马，建立了一支三千人的白马骑兵队。匈奴兵每当看见白马军尘土起处，便望风而逃。公孙瓒很得意，曾对人说："始天下兵起，我谓唾掌而决。"意思是，天下狼烟四起，可只要我出手，就可解决兵乱。

◎ 这个成语指一做出动手的动作，就可以得到。

哪｜吒｜闹｜海

　　传说哪吒在母亲肚子里待了三年零六个月才出世，刚生下来时是一团肉球。他的父亲李靖，是陈塘关总兵，用剑一砍，哪吒就从中跳出来，右手套一只金镯，肚腹围着一块红绫。那金镯是"乾坤圈"，红绫叫"混天绫"，都是乾元山金光洞的法宝。

　　哪吒七岁时，已身长七尺。五月间，天气炎热，他到九涉河洗澡，脱了衣裳，坐在石上，用混天绫蘸水洗身子。他哪里知道这条河是东海的出口处，当他把宝物放在水中，河水都映红了；摆一摆，江河晃动。东海龙王敖广见到宫殿摇晃，以为是地震，连忙传令巡海夜叉到海口去看看。夜叉来到九涉河，只见一个小孩用混天绫蘸水洗澡。哪吒正洗得痛快，回头一看，发现一个青面獠牙的怪物，手中舞着大斧正往头上砍来。哪吒连忙侧身躲过，把右手上的乾坤圈往空中一举，落下来正好掉在夜叉头上，打得它脑浆迸裂，死在岸上。水晶宫哪经得起这种震撼呢？水中鱼虾被震得死的死，伤的伤，宫殿也差点倒下来。东海龙王听到夜叉被打死，又令第三个儿子敖丙调来龙兵，骑着避水兽，提着画戟来捉拿哪吒。哪吒躲过数戟，随手把混天绫往空中一展，好像千团火块往下一裹，将敖丙裹下避水兽。哪吒一步上前，踩住他的脖子，提乾坤圈往他的头上一敲，敖丙被打得现出龙形。哪吒把龙筋抽了出来，准备给他父亲束甲。后来，四海龙王奏准玉帝，要捉哪吒父母。哪吒为了不连累父母，毅然剖腹、剜肠、剔骨肉，还于双亲而死。他的魂魄则借莲花为躯体，得以复活。

　　在后来，哪吒帮助姜子牙兴国灭纣，屡立战功。

◎　"哪吒闹海——鱼虾遭殃"，比喻无缘无故被牵连而受祸害或损失。

大禹治水

　　传说上古尧在位的时候，天下尚未平定，洪水横流，泛滥成灾，他便派一个叫鲧的人治水。

　　鲧一治治了九年，丝毫没有成绩。因为他的方法是"堵"，就是拿泥土堵塞洪水，结果洪水反而越涨越高。尧感到这是自己的失职，就把帝位让给了舜。舜去鲧治水的地方视察，确认治水无效，就把鲧杀死在羽山，并叫鲧的儿子禹接替治水工作。

　　禹为了治好水，在外居住了十三年，曾三次经过家门都没进入。他吸取父亲失败的教训，把堵的方法改为"疏通"和"引导"，结果成功了。洪水平息，解救了老百姓，禹得到了人民的爱戴。舜就把帝位禅让给禹，禹成了夏朝的开国国君。

◎ 这个故事展现了求实创新和公而忘私的精神。面对问题与困难，要善于调查研究，掌握事物发展规律，总结经验教训，制定科学方法。

牛｜郎｜织｜女

从前南阳城北有个孩子，名叫牛郎。他从小父母早逝，与哥哥嫂嫂过日子，嫂嫂对他很不好，让他吃剩饭、穿破衣服。他只有一个好朋友——一头老牛，他们相依为命。但这老牛可不是一般的牛哦，它是天上的金牛星变的，因为触犯了天条，被玉帝贬到人间为牛。

牛郎长大后，哥哥嫂嫂与他分家，只分给他这头老牛和一辆破车。有一天，老牛突然说话了，它告诉牛郎明天会有仙女到湖里戏水，只要他去山对面的湖边拿一件粉红色纱衣，纱衣的主人就会成为他的妻子。

第二天，牛郎来到湖边，见果真有七个仙女在湖里戏水，牛郎连忙拿起那件纱衣。不一会儿，六个仙女都飞走了，只剩下那个最小的仙女。这仙女是玉皇大帝最小的女儿。牛郎劝她留在人间，她同意了，两人结为夫妻。从此牛郎在地里耕田，织女在家织布，他们还生了一个男孩一个女孩，日子过得很幸福。一天，老牛快死了，它告诉牛郎把它的皮扒下，万一遇上危险就披上它的皮。牛郎织女非常伤心，他们按老牛的吩咐把牛皮放好。

玉皇大帝知道织女不回天庭后很生气，一天他派王母娘娘带天兵天将去把织女抓回。牛郎披上老牛的皮飞起来去追，眼看快追到了，王母娘娘拿头上的金簪一划，天上就出现了一道天河。牛郎过不去，织女就在河边看着牛郎。最终，王母娘娘允许他们每年七月初七见一面。所以每年这一天，成群的喜鹊就在天河边搭起一座桥，让牛郎织女在桥上会面。

◎ 故事寄托了人民群众对幸福生活的向往，歌颂了牛郎织女为追求幸福生活、不屈不挠的精神。

共工触天

　　水神共工是炎帝的后代，与中原地区的黄帝家族矛盾重重。皇帝的后代颛顼统治宇宙时期，有过许多暴政，其中最没有道理的就是把太阳、月亮和星星都拴在北方的天空上，让它们永远固定在那里。这样一来，大地上有的地方永远明亮得连眼睛都睁不开，有的地方却永远黑暗得伸手不见五指。

　　共工再也忍受不了颛顼的统治了，于是联合许多大神向颛顼发起战争。他们打到不周山脚下，双方难分胜负。共工一时不能取胜，火冒三丈，一头向不周山碰去。不周山是根撑天的大柱，柱子一断，半边天空就塌下来。原本固定的太阳、月亮和星星朝着倾斜的西方跑，形成了日月星辰的运行。大地受到了剧烈的震动，陷下一个深坑，大川小河的水都朝那里奔流而去，形成了海洋。

◎ 这个故事说明了不可轻易破坏自然界平衡的道理，以及反映了遇事要有不畏困难、敢于牺牲的精神。

盘 | 古 | 开 | 天

很久很久以前，天和地还没分开，到处混沌一片，整个世界就像一个有核的浑圆体。人类的祖先盘古便在浑圆体的核心中孕育而成。

当他有了知觉的那一刻，便迫不及待地睁开了眼睛，可是周围一片黑暗，他什么都看不见。急切间，他拔下自己的一颗牙齿，把它变成威力巨大的神斧，抡起来用力向周围砍。浑圆体破裂了，变成两部分：一部分轻而清，不断上升，变成了天；一部分重而浊，不断下降，变成了地。

盘古怕它们还会合在一起，便头顶着天，脚蹬着地。这样不知过了多少年，天和地逐渐长成了，盘古也累得倒下了。在他倒下的刹那间，他的左眼飞上天变成了太阳，右眼变成了月亮，泪珠变成了星星，汗珠变成了湖泊，血液变成了江河，毛发变成了草原和森林，呼出的气变成了清风和雾气，发出的声音变成了雷鸣。盘古倒下时，他的头化作了东岳泰山，脚化作了西岳华山，左手化作南岳衡山，右手化作北岳恒山，腹部化作了中岳嵩山。

从此，世间有了阳光雨露，大地上有了江河湖海，万物滋生，人类开始繁衍。

◎ 这个故事体现出中华民族向往光明，为造福人类社会而无私奉献的伟大精神。

拓展

女娲造人

天地开辟以后，天上有了太阳、月亮和星星；地上有了山川草木，甚至有了鸟兽虫鱼，可是单单没有人类。

不知道什么时候，出现了一个神通广大的女神，叫作女娲。有一天，女娲行走在这片莽莽原野上，感到非常孤独，总觉得应该添点什么东西进去，让它生机勃勃起来才好。走啊走啊，她偶然在一个池塘边蹲下来。清澈的池水照出了她的身影：她笑，池里影子也笑；她假装生气，池里影子也向着她生气。女娲灵机一动："为什么不创造一个像自己一样的生物呢？"想着，她顺手从池边抓起一团黄泥，掺和了水，在手里揉着，揉成了一个娃娃模样的小东西。她把这小东西放在地上。说也奇怪，这团泥刚接触地面，就活了起来，并开口就喊"妈妈"。女娲不由得满心欢喜，她给小东西取了一个名字，叫作"人"。

人的身体虽然小，但是神创造的，相貌和动作也有些像神。女娲又继续工作，用黄泥做了许多能说会走的可爱的小人儿。从此，她再也不感到孤独、寂寞。但大地太大，女娲工作了许多天也造不出足够多的人。最后，她想出了一个好法子，从山上拉下一条枯藤，伸入一个泥潭里，将其搅成了泥浆，再向地上一洒。泥点溅落地上，就出现了许多小小的叫着跳着的人儿，和之前她用黄泥捏成的小人儿一模一样。"妈妈、妈妈"的喊声，震响在周围。不久，大地上就布满了人类。

◎ 人类社会的发展需要创造力和丰富的想象力。这个故事歌颂了母亲的伟大、勤劳、聪慧和无私。

庖丁解牛

庖丁是古代一位技艺高超的厨师。一天，他给梁惠王表演宰牛的本领。只见他把刀插进牛体，灵活地在牛骨缝中移动，没有任何障碍，光听到唰唰声，很有音乐节奏感。

梁惠王看得目瞪口呆，惊叹道："好极了！你的高超技术是怎么学会的呢？"

庖丁放下刀，回答道："我喜欢探究事物的规律。我开始宰牛的时候，看到的是一头完整的牛，但三年后，在我的眼里就没有完整的牛了，而是牛的骨架筋脉。现在我宰牛，不必用眼睛去看，而只需让心神去支配刀的操作，依照牛的身体结构去用刀，连筋骨连接的地方都不会碰到，何况骨头呢？我这把刀用了十几年了，宰的牛也有几千头，可是刀刃还像刚刚在石头上磨过一样，宰牛时游刃有余。"

梁惠王听了庖丁的这一席话，连连点头，对庖丁说："讲得太好了，听了你的这番话，我懂得养生的道理了。"

◎ 这个寓言告诉我们，任何事物有其发展规律。通过实践，掌握规律，做事就能得心应手，运用自如。

郭橐驼种树

郭橐驼的职业是种树，长安有钱有势的人家要修建园林，以及那些经营果园的人，都争着请他。他种的树没有不活的，全是枝叶茂盛，果实累累。别的种树人用心模仿也比不上他。

有人问他种树经验，他回答："并非有什么特殊本领，不过是顺应树木生长的规律罢了。栽种时像抚育小孩一样细心，栽好后就像抛弃了它一样，让它自然生长。别的人却不这样，树种好后，早晨去看，晚上去摸，甚至用指甲掐破树皮看看是否活着，用手摇动树根看土是松还是紧。这样一来，树木的本性受到伤害。所以他们赶不上我。"

问的人说："把你种树的方法用到当官治民方面可以吗？"郭橐驼说："这个我不懂，但人们在农村，常看见那些当官的喜欢发号施令，一会儿叫老百姓耕种，一会儿叫老百姓喂牲口，似乎很爱惜人民，结果全是瞎指挥。"

问的人赞叹说："我问栽树的方法，却得到了治理社会的方法，太好啦！"

◎ 以树喻人，这个寓言讽刺了官僚主义和形式主义，讲述了种树育人、治理社会都要符合事物发展规律的道理。

匹|夫|之|勇

楚汉相争，刘邦欲拜韩信为大将军。韩信问刘邦："大王与项王争天下，大王自料勇悍、仁爱及实力能及项王吗？"刘邦说："寡人远不如他。"韩信恭贺刘邦说："大王真有自知之明，不过我在项王帐不少时日，对他的性情、才能比较清楚。项王叱咤风云，能吓退千军，但不能用人。贤臣良将，在他手下一筹莫展。所谓项王虽勇，只是匹夫之勇。大王能任用天下贤人勇将，封有功之臣，人人心悦诚服，天下安有不大定者乎？"

◎ 这个成语指毫无深谋远虑，单凭一己之力蛮干之人。

自不量力

春秋时期，郑、息两国国君同是姬姓，多年和睦相处。有一年，两国因言语相违，结下仇恨，于是息国就发动战争。息国弱小，郑国强大，所以这场战争以息国失败而告终。对于这场战争，人们评论说：息国之所以失败，是因为它不讲道德，自不量力，又不亲善同族亲人，不阐明因言语相违而出兵郑国的原因，不仔细辨别谁对谁错。

◎ 这个成语指过高估计自己的力量。

扑 | 朔 | 迷 | 离

北魏时，有个姑娘叫花木兰。有一年朝廷征兵，她的父亲也在征召之列。木兰不忍年老体弱的父亲上前线，而弟弟又年幼，于是毅然女扮男装代父从军。

花木兰随军四处征战，奋勇杀敌，功勋卓著。十二年后，随军凯旋，皇上要重赏木兰，封她为官，木兰却拒绝了。她只要求皇上赐一匹千里马，送她回乡团聚。皇上满足了木兰的要求。

木兰回家后脱下战袍，恢复了女儿身的装扮，当她走出房间时，来看望她的战友都惊呆了。十二年朝夕相处的木兰竟然是个女子！木兰笑着说："雄兔脚扑朔，雌兔眼迷离，两只兔子一起奔跑，谁还能分辨出它们是雌还是雄呢？"

◎ 这个成语形容事情错综复杂，不易辨清真相。

犬牙交错

汉高祖刘邦开国后，为了巩固刘氏天下，把自己的儿子、弟弟、侄子等分封到各地为王，各霸一方。

汉武帝继位后，同姓诸侯势力十分强大，严重威胁中央皇权，大臣们担心会发生类似景帝时的"七国之乱"，建议削藩。诸侯王得到消息后，感到十分紧张，纷纷恳求武帝，说："皇上，我们是至亲骨肉，先帝分封给我们大片土地，像狗的牙齿那样上下交错，就是为了使刘家的天下坚如磐石啊！"

◎ 这个成语比喻情况复杂，双方有多种因素参差交错。

歧 | 路 | 亡 | 羊

　　杨子是战国时的大学问家。有一次，他的邻居丢了一只羊，邻居叫了许多亲戚朋友去找，还请杨子的仆人一起帮忙，结果还是没有找到。原因是岔路太多，岔路中间还有岔路。杨子听了，很长时间不言不笑，学生们感到奇怪，无非是丢了一只羊，又与老师没有关系。杨子的学生心都子告诉他们："老师是从丢羊这件事联想到求学的道理。做学问如果没有正确的方向和方法，盲目地东寻西找，就会像歧路找羊一样，白白地浪费时间和精力。"

◎ 这个成语比喻情况复杂多变，容易迷失方向而误入歧途。

拓展

举一反三

　　《论语》是一本记录孔子与学生对话的书。《述而》篇记载，有一天，孔子对学生们说："我举出一个方面，你们就应融会贯通，联想类推到其余三个方面，并用其余三个方面来反证我指出的一个方面。如果不是这样用心学习和灵活运用，那么我就不会再教你们了。"

◎ 这个成语比喻善于由此及彼，触类旁通。

杞 | 人 | 忧 | 天

古代杞国有一个人，疑心病很重，每天都担心天若塌下来怎么办，自己会不会被活活压死。因为这个问题，他寝食难安，以致精神恍惚。

后来有人告诉他："天是气体聚集而成的，怎么会掉下来呢？"杞人听了这话以后，才渐渐放下心来。

◎ 这个寓言比喻缺乏依据和不必要的担忧。

猴子救月

从前西方有个伽尸国，国内有座波罗奈城。在人迹稀少的树林中，有五百只猕猴。一天，猕猴们来到一棵尼俱律树下，看到树边有口井，月影在井中一晃一晃。猴王见了，对同伴们说："月亮今天掉到井里了，我们想办法把它捞上来，免得世界晚上黑沉沉的。"有的猕猴问："怎么捞出月亮呢？"猴王说："我抓住树枝，谁抓住我尾巴，一个连一个，就可以捞出月亮了。"说着，它们就干了起来，一个抓住一个，挂成一长串。差一点接近水面时，因为连在一起的猕猴太重，树枝"咔嚓"一下折断了，接龙的猕猴都掉进了井中。

◎ 这个寓言比喻庸人自扰，招来祸端。

千 | 里 | 之 | 行 | ， | 始 | 于 | 足 | 下

老子，春秋时的大学问家。在《老子》六十四章中，他提出了无为无执和慎终如始的主张。

他认为，事物稳定，则容易掌握；事物脆弱，则容易分割；事物微小，则容易散开。处理问题要在它未发生之前。合抱的大树，产生于细弱的幼芽；九层的高台，开始于一筐泥土；千里远的行程，起始于脚下。

◎ 这个成语比喻事情总是从头开始，逐步积累。

拓展

好大喜功

汉武帝是封建帝王中比较有作为的一个。对内，政治上强化中央集权，削弱割据势力；经济上推行盐铁官营，均输平准；文化上兴建太学，实行察举制。对外，派卫青、霍去病多次出击匈奴，保持边境安宁；两次派张骞出使西域，沟通与西域各族的联系。

但他也好大喜功——一心想做大事，立大功；迷信神仙，热衷封禅和郊祀；挥霍无度，徭役繁重，崇尚武力。

◎ 这个成语形容脱离实际、贪大求功的浮夸作风。

黔｜驴｜技｜穷

　　从前贵州没有毛驴，有人从外地带来一头毛驴，放在山下喂养。

　　一天，有只老虎下山觅食，发现了这头驴子。老虎从未见过驴子，见它是个庞然大物，不敢靠近，只能躲在树丛中窥视。一次老虎又在观察驴子，驴子突然大叫起来，老虎吓了一跳，急忙逃得远远的。

　　后来，老虎慢慢地习惯了驴子的叫声，就一点点地接近驴子，不断挑衅、戏弄驴子。驴子被惹恼了，扬起蹄子猛地踢向老虎，老虎大为高兴，看出驴子就这点本领而已。于是，老虎大吼一声猛扑上去，咬断了驴子的咽喉，美美地饱餐一顿，才扬长而去。

◎ 这个寓言比喻外强中干，无计可施。告诫人们要有真才实学，并通过智慧和勇气战胜困难。

拓展

江郎才尽

　　南北朝时期，有个人叫江淹，人称江郎。他年轻时，家里很穷，但他读书勤奋，写得一手好诗文，为世人所称赞。可到了老年，他写的诗文渐渐退步了，没有了才气。

　　江淹退步的原因是他当官后图享受，诗文写得越来越少，不再用心创作。

◎ "江郎才尽"泛指才思枯竭。

青 | 云 | 直 | 上

战国时期，魏国的范雎才华横溢，在大臣须贾门下当说客。有一次，他随须贾出使齐国，齐王对范雎十分赏识，赠予他丰厚的礼物，这引起了须贾的嫉妒。回国后，须贾向魏相诬告范雎与齐国私通，魏相听信了谗言，将范雎杖打成重伤，丢在厕所里。范雎逃出来后，经朋友引荐，随秦使者到了秦国。秦昭王任他为相。有一次，范雎主张攻打魏国，魏王闻讯后，派须贾前去求和，须贾在范雎面前磕头说："我未曾料到您能以自身的才华，平步青云，登上秦相之位，如今我的生死全掌握在您的手中了。"

◎ 这个成语比喻地位或官职升得很快很高。

蒸蒸日上

雍正四年（1726），浙江人查嗣庭、汪景祺有悖逆之言，朝廷据此认为浙江民风恶劣，禁止浙江士人参加科举。两年后，大臣李卫、王国栋等上奏："两浙士人已经反省悔过，恳请皇帝准许他们参加科考。在这三年里，他们轻薄浮躁的风气已经改变，何况承蒙我朝恩泽已经有两百年之久，风气也越来越好了。"

◎ 这个成语形容一天天地向上发展，进展很快。

如|鱼|得|水

　　刘备三顾茅庐，诸葛亮为刘备诚意所感动，竭尽全力辅佐，为刘备确定了东联孙权、北伐曹操的战略方针。

　　刘备越来越信任诸葛亮，两人的交情日益亲密，无形中刘备忽略了其他将领。刘备的结拜兄弟关羽、张飞心里不服，当面向刘备发牢骚。刘备向他们介绍了诸葛亮的才识、胆略及对其宏图霸业的作用，他说："我得到诸葛亮，就好像鱼得了水，希望你们不要多说什么了。"

◎ 这个成语比喻与人相处十分融洽或自己十分适合某种环境。

志同道合

　　曹植，曹操的三儿子，文学家、诗人、音乐家。

　　曹植曾向哥哥曹丕即魏文帝上疏，谈论对举贤任能的看法，其中有这样一段话："以前商汤时的伊尹，本是个下贱的陪嫁用人；周文王时的吕尚，原是个地位低下的屠夫、钓鱼人。他们后来都成为栋梁之臣，这说明汤武、周文王等君主能任用志同道合、足智多谋的贤能人啊！"上疏内容虽然中肯，但因曹植与曹丕一向不和，未得到重视。

◎ 这个成语指志向观点相同，所行道路一致。

如|坐|针|毡

　　杜锡是西晋名将杜预的儿子，他从小就博学多才，远近闻名。晋惠帝赏识杜锡的才学，请他做太子中舍人。

　　愍怀太子生性散漫，不思上进，杜锡就直言相劝，希望他奋发上进。太子非但不听，反而心生怨恨。一天，为了给杜锡一点教训，太子派人暗地里在杜锡常坐的毡子里插了几根针，杜锡没注意，坐下时屁股被针扎出了血。

◎ 这个成语指像坐在插着针的毡子上，形容心神不定，坐立不安。

泰然自若

　　在宋金交战时，有个金人名叫颜盏门都，他机智勇敢，多谋善断，深受金朝都统完颜杲赏识。颜盏门都性情忠厚，谨小慎微，制订作战计划特别缜密周到；他遇事沉着冷静，碰上敌人突然进犯，即使矢箭如雨，仍泰然自若，像平时一样部署行动计划，发布行动命令。颜盏门都对待士兵宽宏大度，因此他的队伍军心稳定，士兵们都愿意跟随他。

◎ 这个成语形容在紧急情况下沉着镇定，不慌不乱。

入|木|三|分

晋代的王羲之，是我国杰出的大书法家，他的字平和自然、委婉含蓄、遒劲健秀。他的传世名作《兰亭集序》有"天下第一行书"的美誉。

为了练好书法，他的书房内、院子里、大门边，都摆放着笔砚，每有所得，他就马上提笔写到纸上。平日里休息时，他也揣摩字体的结构、间架和气势，心里想着，手也不停地在衣襟上画着，时间久了竟把衣服都磨破了。

有一次，他把字写在木板上，拿给刻字的人照着雕刻，工人用刀削木板，发现墨迹竟然印到木板里面三分深。

◎ 这个成语形容人们写文章或说话非常深刻。

 拓展

力透纸背

南宋的陆游是一位才华出众的大诗人，他一生创作的诗歌很多，今存九千余首。他的许多诗都反映了民间疾苦，风格雄浑豪放，表现出渴望恢复国家统一的强烈感情。他抒写日常生活的诗中，也有不少清新之作。清代诗人赵翼评论说："陆游的诗才气豪雄，意境清新。他在写诗之前，构思精审，所以写出来的东西立意深刻，语句精练，力透纸背。"

◎ 这个成语形容诗文立意深刻，语句精练。

塞 | 翁 | 失 | 马

古代，北方边塞住着一个老翁和他的儿子。一天，塞翁家的一匹马走失了，邻居们都前来安慰，他却说："这为什么就不能是一件好事呢？"

过了一段时间马回来了，还带回一匹匈奴的骏马。邻居们都来祝贺，他却说："谁知道会不会带来灾祸呢？"家里添了好马，塞翁儿子又喜欢骑马，结果有一天从马上摔下来，跌断了一条腿。隔壁邻居们又过来安慰，他说："很难说不是好事！"

不久，匈奴人入侵边境，青壮年都应征入伍，十有八九战死沙场。塞翁的儿子因残疾而免服兵役，因此保全了性命。

◎ 任何事物都有两面性，祸福相依，在一定条件下会相互转化。

失之东隅，收之桑榆

　　冯异是东汉著名的将领。一年，光武帝封他为征西大将军，会同东路军邓禹、邓弘军队与关东的赤眉军作战。但东路军擅自出击，大败而归，损兵三千。

　　冯异闻讯，忙率军转移。几天之后，他在渑池设下埋伏，让军队换上赤眉军服装，乘对手不备，消灭赤眉军八万人马，大获全胜。

　　捷报传到京城，光武帝写了一封诏书表示慰问，诏书中写道："胜败乃兵家常事。失去东方日出的阳光，却在桑树、榆树上得到了落日的余晖。"

◎ 这个寓言比喻开始时在某方面失败了，但终于在另一方面取得了成功。

三 思 而 行

春秋时，鲁国大夫季文子为人谦恭谨慎，处理事情稳妥得当，深得朝廷上下拥戴。他去世后，朝野上下称赞他说："季文子三思而后行。"意思是说，他处理问题时总是反复琢磨，悉心研究，在确保无误后，才付诸实施，因此做事十分妥当。

◎ 这个成语表示遇到事情，经过反复考虑以后才去做。常用于形容人行事谨慎。

拓展

专心致志

孟子说："学下棋的技艺是比较容易的，可是如果不专心致志地学，也是学不好的。"

从前有个叫弈秋的人，棋艺全国第一。后来有两个人慕名而来，拜他为师。可是，两个学生的学习态度大不一样。一个专心致志地听课，进步很快；一个听课思想不集中，老想快点下课好出去玩。一段时间后，弈秋想测一下他们的学习成果，就叫两人对弈，结果开局不久，就见分晓：一个从容不迫能攻能守，一个手忙脚乱地应付。两人的棋艺相差悬殊。

两个人由同一个老师教，为什么差距那么大呢？难道是他们的智力不同吗？不是的。原因在于一个人学习专心致志，而另一个不用心罢了。

◎ 这个成语形容一心一意，聚精会神。

杀|鸡|焉|用|牛|刀

孔子有个弟子叫子游，在武城当县令，他严格按照老师的教导，用"礼""乐"教育百姓。有一天，孔子带领众弟子路过武城，听到弦歌、读书声不绝于耳，就笑了起来，说道："治理这样小的地方，杀鸡还要用牛刀？"子游觉得老师批评得不对，就说："您曾教导我们，执政者懂得礼乐大道，就会爱护百姓；老百姓接受了教育，就会听从指挥。难道这道理不适用于小地方？"

孔子听了，立即收敛笑容，庄重地说："学生们听着，我刚才说的是句玩笑话，你们可不要当真哟！"

◎ 人们常用此比喻小题不必大做，或用此形容大材小用。

朽木不可雕

孔子的弟子宰予，平时说话侃侃而谈。起初，孔子很喜欢他，以为他一定能有出息。可是不久，宰予懒惰的毛病就暴露出来了。一天，孔子讲课时发现宰予没来，就派弟子去找，结果发现他在房间里睡大觉。孔子伤心地说："腐烂的木头不能雕刻，粪土垒的墙壁不能粉刷。今后看一个人，不但要听其言，还要观其行。"

◎ 人们常用此比喻某人无法教育、不堪造就。

杀｜猪｜教｜子

曾参是孔子的得意门生之一，非常注重下一代的教育。

一次，曾参的妻子要去集市，儿子哭着要跟去，她觉得太小不方便，就哄他说："你回去，等我回来杀头猪给你吃。"儿子高兴地留在了家里。等她回来时，看见曾参正揪住一头猪要杀，忙制止道："你怎么当真要杀猪呢，我是哄哄小孩的。"

曾参说："小孩是不能随意哄骗的，他还不懂事，非常单纯，需要父母的教诲。现在你欺骗他，是在教他学会欺骗。母亲欺骗儿子，儿子就不会相信母亲，以后就很难教育了。"于是，他们一起动手将猪杀掉。

◎ 这个故事告诉我们做人要言而有信，诚实待人；教育者更要言传身教。

拓展

立木为信

战国时，秦国商鞅推行新法，担心民众不信任，于是在都城南门口立了一根三丈长的木杆，告示说："如果有人能将木杆移至北门，赏金十两。"

众百姓感到疑惑，都不敢贸然去移。告示又说："能移木杆者，赏金五十两。"这时，人群中走出一个人将木杆移到北门，商鞅当众赏赐了五十两黄金。这一举动取得了百姓的信任，不久，他成功推出了新法。

◎ 这个故事告诉我们，办事情要言而有信，取信于民。

声｜东｜击｜西

楚汉之争初期，刘邦兵少势弱，经常吃败仗。原本已归顺刘邦的魏王豹也借机叛离，投靠项羽。

刘邦派韩信率兵攻打魏王豹，魏王豹派重兵防守黄河东岸的蒲坂，封锁了渡口。韩信见此情形，知道硬攻难以取胜，于是采取声东击西战术。韩信在蒲坂对岸，白天操练军队，晚上营帐内灯火通明，做出要从此处强渡的样子，麻痹敌人。暗地里，韩信将主力偷偷向北移动到夏阳。由于夏阳没有魏军把守，汉军顺利渡河，一举攻陷魏军后方要地，活捉了魏王豹。

◎ 这个成语是指为迷惑敌人，表面上宣扬要攻打这一边，实际上却攻打另一边。

围魏救赵

公元前354年，魏惠王以庞涓为大将，举兵征赵，围困邯郸。赵王急难中只好求救于齐国，并许诺解围后以中山相赠。齐威王应允，令田忌为将，孙膑为军师，兴师救赵。

田忌想率军直逼赵国邯郸，孙膑制止说："现在魏国精兵倾国而出，若我直攻魏国，那庞涓必回师解救，这样一来邯郸之围定会自解。我们再于中途伏击庞涓归路，其军必败。"田忌依计而行。果然，魏军撤离邯郸，被齐军伏击，溃不成军，赵国之围遂解。

◎ 这个成语指袭击敌人后方据点，从而迫使进攻之敌撤退的战术。

双｜管｜齐｜下

张璪，唐代画家，以画山水松石闻名于世。

他画松石的本领令人叹为观止。他能同时运用两支笔作画，而且可以用一支笔画出生机盎然的苍翠枝干，用另一支笔画出枯萎残败的虬枝老树，无论是新枝还是老树均栩栩如生。

◎ 这个成语比喻做事情同时采用两种办法或两件事同时进行。

左右开弓

安禄山，唐玄宗时任节度使。其为人阴险狡诈，且骁勇善战，他和史思明发动的"安史之乱"成为唐朝由盛转衰的转折点。

公元751年，安禄山领兵六万进攻契丹，打了败仗，被押解至京城长安处置。唐玄宗见他膀大腰圆，问："你的武技如何？"安禄山回答："我射箭能左右开弓，十八般武艺，没有不会的。"唐玄宗又开玩笑说："你的肚子这么大，里面是什么东西呀？"安禄山说："没有别的东西，只有一片赤诚之心。"唐玄宗听了很高兴，不但没追究他的责任，反而更加宠信他。

◎ 这个成语比喻能双手交替或同时做一个动作。

水|落|石|出

汉《艳歌行》中讲述了一个故事：兄弟两人流落在他乡。破旧的衣裳没人补，新的衣服没人缝。有位好心的女雇主，替他们补衣又缝新。雇主的丈夫从门外来，看她究竟为谁忙。主妇道："郎君呀，你何必向西张来朝北望？这件事的真相，你总会水清石见地弄清楚的。"

◎ 这个成语比喻事情终于真相大白。

拓展

图穷匕见

战国时，秦王嬴政在统一战争中，先灭掉了韩、赵等国，兵锋直指燕国。为挽救国家，燕太子丹派出刺客荆轲，带着秦国叛将樊於期的脑袋和一卷燕国督亢的地图，来到秦国，假借献上秦王仇人的人头和割地求和的地图，而暗地把一把匕首藏在地图卷里，企图刺杀秦王。

秦王听说燕国送来了叛将的人头和土地，很高兴，特地在咸阳宫安排接见使者。荆轲让秦王验过人头，又送上地图，一个地方一个地方指给秦王看。翻到末了，卷在地图里的匕首露了出来。于是，荆轲一把抓住秦王的袖子，一面抢过匕首向秦王刺去。秦王向后一退，绕着殿上柱子跑，荆轲紧追，但被宫殿侍卫截住，死于乱剑之下。

◎ 这个成语比喻事情发展到最后阶段，终于露出真相。

司|空|见|惯

　　刘禹锡是唐朝著名诗人。他中进士后，任监察御史，因参与的"永贞革新"失败，后被贬为苏州刺史。在苏州刺史任内，他与曾任司空的李绅交好。有一次，李绅宴请刘禹锡，并请了几个歌伎作陪，刘禹锡有所感而作诗一首，其中有："高髻云鬟宫样妆，春风一曲杜韦娘。司空见惯浑闲事，断尽苏州刺史肠。"表示李司空对这样的事情，已经见惯，不觉得奇怪了。

◎ 这个成语比喻事情屡见不鲜，不足为奇。

屡见不鲜

　　楚汉相争时，陆贾是刘邦的说客。刘邦死后，陆贾也告老还乡。陆贾有五个儿子，都已长大成人，陆贾便将财产分给他们，让他们各自成家立业，他自己则常常坐着车子，带着随从十余人，还有一把贵重的宝剑到处游玩。他与儿子们约定，经过谁家门口，他就到谁家吃住，每十天换一家。如果他死在谁家，那么宝剑、车骑和随从就全部归谁。他对儿子们说："我一年中到你们各家去大概不过两三次，常常见面就不觉得新鲜了。你们不要因为常见就感到厌烦。"

◎ 这个成语比喻常常见到，并不新奇。

四｜面｜楚｜歌

楚汉相争，刘邦知人善任，势力渐渐壮大，而项羽因刚愎自用而屡遭重创。最后一战，项羽军队被汉军围困在垓下。夜里，刘邦命将士们高唱楚歌。项羽听到从四面八方传来的楚歌，不由得大惊失色道："难道汉军已经全部占领了楚地？为何到处都是楚人的歌声？"

这时，原本军心涣散的楚军彻底丧失了斗志，兵败如山倒。项羽最终在乌江边刎颈自尽。

◎ 这个成语比喻四面受敌，处于孤立无援的困境。

危如累卵

春秋时期，晋灵公为了享受，下令修建一座九层高台，导致国库空虚，民怨沸腾。大臣们纷纷劝谏，可他执意不听，还说："谁再来提意见，就杀谁。"

有个大臣叫荀息，他来求见大王。荀息说："大王，我不敢进谏，但我能在十二个棋子上垒起九个鸡蛋。"晋灵公说："你试试看。"荀息便走到桌旁，把十二颗棋子铺平在地上，先在棋子上摆了五个鸡蛋，第二层摆三个鸡蛋，第三层再摆一个鸡蛋。晋灵王看到堆尖上那个勉强搁住的鸡蛋，紧张地直叫："太危险啊！"荀息这时意味深长地说："这不算危险，还有更危险的事呢。九层高台刚修建了三年，国库因此而空虚，如果有外敌入侵，我们国家不就像这垒起的鸡蛋一样危险吗？"

晋灵公听了，吓了一大跳，连忙叫停筑台。

◎ 这个成语比喻形势非常危险，如同堆起来的鸡蛋，随时有塌下打碎的可能。

苏 | 武 | 牧 | 羊

公元前100年，汉武帝派大臣苏武出使西域同匈奴单于修好。彼时匈奴上层发生内乱，扣押了苏武等人，劝其投降。苏武宁死不屈，单于就把他流放到北海牧羊。

苏武到了北海，没有粮食吃，就挖野鼠收藏的草籽充饥。为表示民族气节，苏武拄着汉朝的节杖牧羊，年复一年，节杖上做装饰的牦牛尾毛都脱落了。

十九年后，苏武终于被汉朝使者迎回。去的时候苏武才四十岁，回来的时候头发胡子都白了。

◎ 这个故事展示了威武不能屈、富贵不能淫的民族气节和爱国情操。

不为五斗米折腰

晋朝大诗人陶渊明，四十一岁时任彭泽县令。一天，他在内室吟诗，小吏来报，郡里督邮已到官驿，让他去拜见。陶渊明觉得扫兴，说："去见个面吧！"正要抬脚出门，小吏拉住他道："请老爷换上官服再去。"一向正直清高的陶渊明向来看不惯像督邮这种倚官仗势的小人，今天还要强迫自己穿起官服去行拜见礼，就更受不了。他便打开柜子，取出知县的印信交给小吏，严肃地说："你把它交给督邮，让他转交太守，就说我辞官归田，不愿为五斗米的官俸向势利小人折腰了！"说完就收拾行李，离开了只当了八十三天县令的彭泽。

◎ "不为五斗米折腰"比喻为人清高、有骨气，不为利禄所动。

螳 | 臂 | 当 | 车

　　螳螂是一种昆虫，它的头部呈三角形，腹部肥大，前腿特别发达，像两柄有齿牙的镰刀。

　　齐庄公出猎时，遇到一只螳螂举起前腿想要阻挡车轮前进。庄公问驾车的人这是什么虫子，驾车的人回答是螳螂，并说它不知道自己的力量不足以阻挡车轮，还要来挑衅，庄公听后笑道："好一个出色的勇士，我们别伤害它吧！"于是他让驾车的人避开螳螂，让车从旁边过去。

◎　这个寓言中的螳螂比喻那些自不量力、轻举妄动的人。

以卵击石

　　墨子是战国初期的思想家。有一年，他前往北方的齐国途中遇见一个叫"日"的人。"日"对墨子说："您不能往北走啊，今天天帝在北边杀黑龙，你的皮肤很黑，去北方会有灾祸的。"

　　墨子不信，继续朝北走去，但因北方的淄水泛滥，无法渡河，只得返回来。

　　"日"见到墨子，得意地说："怎么样，果然遇到麻烦了吧？"

　　墨子微微一笑，说："淄水泛滥，隔断了南北的交通。过河的人中有皮肤黑的，也有皮肤白的，谁都过不去呀。假如天帝在东方杀了青龙，在南方杀了赤龙，在西方杀了白龙，再在中央杀了黄龙，岂不是让天下的人都不敢走路了？所以，你的谎言是抵挡不过我的道理的，就像拿鸡蛋去碰石头，哪怕天下的鸡蛋都碰光了，石头还是毁坏不了的。"

　　"日"听了墨子的驳斥，羞愧地走了。

◎ 拿鸡蛋去碰石头，比喻自不量力，自取灭亡。

天｜经｜地｜义

西周周敬王即位后，他的伯伯姬朝在一些王公的支持下，自立为王，把周敬王赶出了王城。周王室出现了两个国君，战乱频频。

这种情况下，晋顷公召集各路诸侯会盟，商讨怎样平息斗争。会上，晋国的赵鞅提出"什么是礼"的问题，郑国的游吉回答道："礼就是天之经，地之义。它是百姓行动的依据，不可更改，不容置疑。"赵鞅提议众诸侯应该全力支持周敬王。

众人听了，纷纷表示赞同。后来，各诸侯国联合出兵，平定了姬朝的叛乱，结束了王位之争。

◎ 这个成语比喻理所当然、不容置疑的问题。

不可思议

北魏尊崇佛教，王公贵族争相建寺。当时，洛阳的佛寺多达1367座，其中最大的是永宁寺。

永宁寺塔，举高九十丈，上有金顶，复高十丈。整个寺院僧房有一千多间，均雕梁粉壁。永宁寺建成后，皇帝和太后一起登楼，"视宫中如掌内，临京师若家庭"。《洛阳伽蓝记》作者杨炫之登临后感叹："佛事精妙，不可思议。"

◎ 这个成语指无法想象，难以理解。

天｜涯｜海｜角

韩愈，唐朝著名文学家。幼时父母双亡，从小由哥哥韩会和嫂嫂抚养。

韩会膝下无子，过继了大弟弟韩介的儿子韩老成为嗣子。韩老成在家族中排行十二，小名叫十二郎，他年纪比韩愈略小。韩愈十一岁时，韩会病死，另两个哥哥也在此前离开了人世。韩家只剩下了韩愈和十二郎，两人相依为命。

韩愈十九岁时前往京城谋求发展，以后的十年时间里，他只和十二郎见过三次面。正当他生活安定，想接十二郎共同生活时，传来了十二郎病故的消息。韩愈悲痛欲绝，写了一首《祭十二郎文》，深切表达了对十二郎的悼念，祭文中有"一在天之涯，一在地之角"的句子。

◎ 这个成语形容极遥远偏僻的地方。

一衣带水

南朝与隋朝以长江为界。长江北岸的隋文帝有志于统一中国,实行了一系列富国强兵的政策;而长江南岸的陈后主却奢侈淫乐,大兴土木,课收重税,搞得百姓流离失所,民怨沸腾。

有一次,隋文帝对仆射高颎说:"我国与陈国之间仅仅隔着一条狭窄的长江。我作为天下百姓的父母,怎能被这一条衣带般的江水所阻隔,而不去拯救他们呢?"公元589年,隋兵渡江南下,很快攻下建康,俘获了陈后主,陈灭亡。

◎ 这个成语形容虽有江河阻隔,但不足以限制交往。

天｜知｜地｜知｜你｜知｜我｜知

　　东汉人杨震是个干实事的清官。他做过荆州刺史，后调任为东莱太守。当他去东莱上任的时候，路过冒邑。冒邑县令王密是他荐举的官员，听到杨震到来，为报答提携之恩，晚上悄悄带了黄金十斤去拜访杨震，可是杨震当场拒绝了。王密以为杨震假装客气，便说："幕夜无知者。"杨震生气了，说："天知、地知，你知、我知，怎说无知？"王密听后，羞愧地离开。

◎　这个故事展现了"慎独"的重要性，在任何情况下，都要有敬畏之心和自律精神。

六尺巷

　　安徽桐城，因有个六尺巷而全国闻名。

　　清康熙年间，文华殿大学士兼礼部尚书张英的家人与邻居吴家在宅基地问题上发生了争执，家人飞书京城，让张英打招呼"摆平"吴家。而张英回信是一首诗："一纸书来只为墙，让他三尺又何妨。长城万里今犹在，不见当年秦始皇。"家人读罢，顿生惭愧，主动退让了三尺。吴家见状，深受感动，也退后三尺。于是两家的院墙之间有了一条宽六尺的巷子。

◎　这个故事传颂了张英的豁达胸怀，也展示了中华民族宽容、谦让的美德。

田 忌 赛 马

　　战国时期，齐国大将田忌与齐威王举行赛马比赛，双方的马都分上、中、下三等。由于齐王的马比田忌的马更快一些，田忌连续几次都输了比赛。这时，正在田忌家做客的孙膑，就为田忌出主意：用下等马对齐王的上等马，用上等马对齐王的中等马，用中等马对齐王的下等马。最终，田忌以两胜一负的成绩赢得了比赛。之后，田忌向齐威王推荐了孙膑，齐威王便尊其为军师。

◎ 这个故事展示了智慧和策略在竞争中的重要性。

减灶之计

　　战国时期，韩国受到魏国进犯，向齐国求救。齐国派田忌为将，孙膑为军师，出兵围魏救韩。魏将庞涓急忙撤军迎战。孙膑建议田忌采取逐日减灶之法迷惑庞涓，第一天做饭时挖十万个灶头，第二天挖五万个灶头，第三天挖三万个灶头。庞涓看齐军撤退时留下的灶头，以为齐军士兵大量怯战逃亡，便下令丢掉步兵，只率领少数骑兵追赶，结果在狭窄的马陵道中伏。魏军大败，庞涓被迫自杀。

◎ 这个故事表示在战争中要隐瞒实力，借此麻痹对方。

投｜笔｜从｜戎

　　班超，东汉初年著名的政治家、外交家。年轻时候，由于生活困苦，靠帮官府抄写公文维持家用。

　　有一次，他正在抄写公文，突然间把笔掷在地上，叹口气说："大丈夫纵然没有其他志向，也应当学习傅介子、张骞那样，立功于国外，哪能老是在抄抄写写中虚耗一生呢？"

　　从那以后，班超弃笔参军。后出使西域，为汉朝与西域各国的交好做出了很大贡献。

◎ 这个成语比喻文人从军，志在四方。

舍我其谁

　　战国时，孟子门下聚集了许多学生，他们经常向孟子请教一些治理国家的问题。

　　一天课后，有个学生在路边问孟子："先生，您好像有点不愉快。您不是说过君子不埋怨上天，不归罪于别人吗？"孟子笑了，说："过去是一个时代，现在又是一个时代。历史每五百年就要产生一位圣贤，从周武王到现在，已经七百多年了，如果上天要产生一位圣贤，除了我以外，还有谁呢？"

◎ 这个成语形容态度狂妄或十分自信。

望 | 洋 | 兴 | 叹

庄子讲过一个关于河伯的故事。

秋天，雨水充沛，千万条小河的洪水汇入黄河，河面十分开阔。站在河心的沙洲上看两岸，都分不清牛和马了。河伯为此扬扬得意，以为天下的水和壮景都汇集在自己这里了。他顺流东下，来到北海，向东一望，只见水天相接，汪洋无际。他呆呆地看了一会儿，转头对身边的海神说："多懂了一些道理，就以为天下没有人比得上自己，说的就是我这样的人啊！"

◎ 这个寓言形容面对高深的事物，感到心有余而力不足。

井底之蛙

传说东海边有一口井，里面住着一只青蛙，它对外面的世界一无所知。一天，井口来了只路过的海龟，青蛙对它说："我住在这井里，真逍遥自在，可以在泥里翻跟斗，在水里游泳，你也下来玩玩吧！"

海龟左脚还没伸进去，右脚已被栏杆绊住，于是它就把大海的情况告诉青蛙："大海宽广得分不清天与水，深不见底。发几年大水不见涨，干旱几年不见浅。生活在大海里，那才是真正的快乐呢！"

青蛙听得目瞪口呆。

◎ 这个寓言讽刺那些目光短浅、见识狭隘又沾沾自喜的人。

韦 | 编 | 三 | 绝

孔子晚年特别喜欢阅读《易经》，翻来覆去地读，把编简册的绳子都翻断了多次。在这种情况下，他还自言自语地说："就这样再读它几年，那我对《易经》就学深学透了。到那时，我的一言一行都会显得更加文质彬彬了。"

◎ 后人用"韦编三绝"形容读书认真，百读不厌。

悬梁刺股

战国时楚国一个名叫孙敬的人，酷爱读书。晚上读书时，为了避免自己太累睡着，他用绳子系着头发，吊在房梁上。一旦打瞌睡，绳子就会将他扯醒，他又能接着苦读。后来，他终于成为当时有名的大学者。

战国年间，苏秦家境贫穷，他为了实现治国平天下的理想，读书十分勤奋。每当深夜，昏昏欲睡时，他就用锥子扎自己的大腿，血流到脚底，从而使自己清醒起来。最终，苏秦以满腹的韬略、雄辩的口才，说服了六国合纵抗秦。

◎ 这个故事激励人们要刻苦好学。

唯｜命｜是｜从

公元前597年，楚庄王出兵伐郑，攻破郑国都城。值此危难之际，郑国国君郑襄公裸露上身跪迎楚庄王，说楚庄王可以占领郑国，让郑国人做奴仆，或者给他们一个朝贡的机会，他都唯命是从。楚庄王看他一副可怜巴巴的样子，允许郑国求和，并订立盟约。

◎ 这个成语形容绝对服从。

拓展

趾高气扬

春秋时期，楚武王派大将屈瑕率军进攻罗国。大夫斗伯比为屈瑕送行，回来的路上，斗伯比对驾车的人说："你瞧屈瑕走路把脚抬得高高的，有多神气。他太骄傲了，骄必败！"

于是，斗伯比建议楚武王另派军队增援屈瑕，楚武王没有同意。屈瑕到了前线，更加不可一世。楚军到了罗国都城外，他竟让部队随地驻扎，一点也不做戒备，结果遭到敌军左右夹击。楚军惨败，屈瑕一个人逃跑，自缢而亡。

◎ 这个成语形容骄傲自满、得意忘形的样子。

闻 | 鸡 | 起 | 舞

祖逖是东晋人，豁达而有大志。他有个好朋友刘琨，也是性格豪迈。两人经常同被而眠，互相砥砺，研究学问，都想有机会为国效劳。

一天凌晨，一阵高亢的鸡啼惊醒祖逖，他轻轻踢醒刘琨："你听，鸡在高歌呢，它不是在唤醒我们发愤图强吗？"两人就取出剑在院中舞起来，直到东方既白。后来，祖逖被晋元帝赏识，任豫州刺史，他以澄清中原、北伐叛逆为己任，为维护国家的统一安定做出了重要贡献。刘琨做了征北中郎将，也充分发挥了他的文才武略。

◎ 这个成语形容有志之士及时奋发努力。

饱食终日

春秋时期，孔子经常教育弟子向颜回学习，不要追求富贵与享受，用心读书。孔子说，如果一个人一天到晚吃得饱饱的没事可干，不去用心思考问题，那就不可造就了。世上下棋的人，虽然悠闲但也要用心，比起那些饱食终日的人来真是强多了。

◎ 这个成语指整天吃饱饭，不动脑筋，不干什么正经事。

卧｜薪｜尝｜胆

公元前494年，吴王夫差率大军进攻越国，越国抵挡不住，只得投降。越王勾践到吴国伺候吴王，放牛牧羊，饱受屈辱。三年后，勾践被释放回国，他立志复仇，每天睡在柴草上，早上起来尝苦胆，以提醒自己不忘在吴国的苦难和耻辱。经过十年的艰苦奋斗，越国最终强大起来，成功复仇，打败了吴国。

◎ "卧薪尝胆"常用来形容人刻苦自励、发愤图强。

拓展

问鼎中原

春秋时代的五霸之一楚庄王，在公元前606年举行盛大的阅兵仪式，以展示实力。阅兵期间，楚庄王向周天子派来慰问的大臣王孙满询问九鼎的大小轻重。九鼎是夏、商、周三代的传国重器，象征国家政权。王孙满答道："得天下者，在于德行，不在于鼎的大小轻重。"并讲了九鼎制作的年代和传承经过，最后说道："周室虽然衰微了，但天命还在，所以宝鼎的轻重，你还是不要打听了吧。"楚庄王自知还没有取代周室的实力，只得怏怏离去。

◎ "问鼎"比喻图谋帝王权位，后常用来象征雄心壮志和争霸天下的决心。

无 | 颜 | 见 | 江 | 东 | 父 | 老

楚汉相争后期，楚霸王项羽被汉王刘邦的大军围困在垓下。夜里，他听到四面楚歌，知道大势已去。天亮后，项羽带着残部突围到了乌江。乌江亭长撑着一条小船等在江边，他对项羽说："江东虽不大，也有千里之地，数十万人，还是足够你在那里称王的。快渡江吧！"项羽苦笑着说："当年八千江东子弟随我渡江，今天他们没有一个生还，我还有什么脸面再见江东父老呢？"项羽执意不肯渡江，最后举剑自刎而死。

◎ 这个典故常用来形容深感惭愧，没脸见人。

乐不思蜀

三国时，蜀主刘备死后，其子刘禅继位。刘禅胸无大志，才学浅薄，后来就兵败投降魏国，被封为"安乐公"。当时魏国军政大权由司马昭把持，有一次，司马昭请刘禅饮酒，席间，上演蜀国娱乐节目。那时跟随刘禅左右的蜀人，看了触景生情，都很难过，只有刘禅一人，仍谈笑自若。事后，司马昭问刘禅是否怀念故国，刘禅却说："在这儿快活得很，我不想念蜀国。"

◎ "乐不思蜀"后用来比喻乐而忘本或乐而忘返。

五十步笑百步

战国时，孟子就国家治理给梁惠王讲了一个故事：一次两国交战，有一方战败，士兵们拖着兵器逃跑，有的逃了一百步停了下来，有的逃了五十步停了下来。那些逃了五十步的士兵嘲笑跑了一百步的人说："胆小鬼，跑得那么快！"

孟子问梁惠王："您说他们骂得有道理吗？"梁惠王说："没道理，都是逃跑啊！"

◎ 这个寓言比喻事物程度不同，但本质一样。

旗鼓相当

西汉末年，军阀割据。公元25年，刘秀在洛阳建立东汉，隗嚣在甘肃自称上将军，公孙述在四川自称皇帝，他们为争夺地盘时常混战。

为了统一天下，刘秀想法拉拢隗嚣，孤立公孙述。他给隗嚣写了一封信："我现在忙于东方作战，西边兵力薄弱，希望能与将军联合，这样就能与公孙述旗鼓相当了。"隗嚣同意，与刘秀联合，把公孙述打得大败。

◎ 这个寓言比喻双方实力或者能力不相上下。

洗｜耳｜恭｜听

尧，我国远古时代三皇五帝中的一位，为人正直，一心为民。

一次，尧帝听说有个品行高尚的世外高人叫许由，就想把自己的帝位让给他。于是，尧帝派使者到许由隐居地去请他。使者把尧帝的意思传达后，许由毫不犹豫地说："我看不上当什么帝王，你回去吧。"使者没办法，只得回去了。尧又要任命许由为九州长，许由觉得使者的话污染了自己的耳朵，非常生气，就马上跑到颍水边清洗耳朵。

◎ 这个成语原义是恭敬而专心地倾听，现多用于请人讲话时的客气话。

充耳不闻

公元前594年，狄人入侵黎国，黎国君臣逃到卫国避难。因卫国与黎国同宗，黎国希望在卫国帮助下复国。可黎君在卫国住了不少时间，卫君从未提起帮助一事，卫国的大夫们对黎国君臣的流离之苦，也不闻不问，还经常取笑他们。同宗的情谊，几乎看不到了。

◎ 这个成语形容有意不听别人的意见。

萧｜何｜追｜韩｜信

　　楚汉之争时，韩信投奔到刘邦手下，却一直得不到重用，在一个晚上，他悄悄地逃走了。丞相萧何了解韩信，连夜踏着月色快马追赶，一直追到一条河边，才赶上韩信。萧何拉着韩信的手说："壮士，你不能走！汉王是重视人才的，请随我回去，他定会重用你！"终于把韩信拉回。

　　萧何回来后，极力向汉王刘邦推荐韩信。当时，刘邦正准备发动反楚战争，需要将才。他采纳了萧何的建议，选了一个良辰吉日，筑坛拜韩信为大将军。

◎ 这个故事不仅展示了萧何的慧眼识才，还体现了刘邦的用人之道。

三顾茅庐

东汉末年，群雄争霸。刘备心怀天下，求贤若渴，听谋士徐庶说诸葛亮博古通今、雄才大略，他便带上结义兄弟关羽、张飞，去隆中卧龙岗拜访诸葛亮。没想到，诸葛亮外出不在，刘备他们只得失望而归。

几天后，刘备和两个兄弟冒着风雪再去拜访，不料诸葛亮又出门闲游去了。刘备只好留下一封书信表达自己的敬佩之情。

又过了几天，刘备特意戒斋三日，与关羽、张飞一起去请诸葛亮。这一天，诸葛亮总算在家，却正在睡午觉。刘备就在台下等待，直到诸葛亮醒来，才入室求见。

诸葛亮被刘备的诚意感动，答应出山。后来刘备采用诸葛亮的军事策略，很快壮大了实力，终于与曹操、孙权鼎足而立，三分天下。

◎ "三顾茅庐"后来常用来比喻诚心诚意访贤求才。

胸｜有｜成｜竹

文同，字与可，北宋人。他擅长绘画，尤其喜欢画竹。在他的住处，种植了许多竹子，他每日认真观察竹子的形态，竹子在不同季节、不同天气条件下的变化。日子一长，文同对竹子的千变万化都了然于心。因此，他所画的竹子神形兼备，栩栩如生。

文同好友晁补之，曾作诗称赞文同画竹，诗中有一句："与可画竹时，胸中有成竹。"

◎ 这个成语比喻做事之前已有通盘考虑。

拓展

不知所措

三国时期，诸葛亮的侄子诸葛恪自幼聪明过人。成年后，即被任命为骑都尉，后任大将军，统率东吴的全部兵马。

孙权死后，诸葛恪废掉太子，立孙权的小儿子孙亮为新太子，后继承帝位。由于孙亮只有十岁，朝中大权由诸葛恪把持。此时，诸葛恪得意扬扬，在写给弟弟诸葛融的信中表示："哀喜交并，不知所措。"

◎ 这个成语指不知怎么办才好，形容处境为难或心神慌乱。

休｜戚｜相｜关

春秋时期，晋悼公姬周年轻时因受晋厉公排挤，被迫客居周地洛阳。周王的大夫单襄公十分器重姬周，把他请到家里，待若上宾。

姬周少年老成。他站立时，稳重而不轻浮；读书时，全神贯注、目不斜视；与人交谈时，彬彬有礼。每当听说晋国有什么灾难时，他就忧心忡忡；听到晋国有什么好消息时，他就欣喜不已。因此，单襄公对姬周更加关心、爱护，认为他一定能成大器。后来，姬周回国即位，他将晋国霸业推至巅峰。

◎ 这个成语形容彼此的命运联系在一起，息息相关。

唇齿相依

三国时期，诸葛亮为刘备制定了联吴抗魏的策略，巩固了蜀国政权。

公元225年，魏文帝曹丕准备出兵攻吴，大臣们意见不一。大臣鲍勋劝阻说："大王的军队多次攻打吴国都未奏效，这是因为吴、蜀两国关系密切，互相支援，像嘴唇和牙齿互相依存一样。他们借山水为屏障，大王要出兵攻吴，我认为很难取胜。"曹丕没有采纳，最后把鲍勋降了职。

◎ 这个成语比喻互相依存，关系密切。

掩 | 耳 | 盗 | 铃

　　春秋时期，有个人到晋国贵族范氏家偷钟，可钟又大又重，怎么也背不动。于是他找来一个铁锤，想把钟敲破后，再一块块搬走。当他挥锤砸时，钟发出了洪亮的响声。他急忙把自己双耳捂住，以为这样其他人就听不见了。

◎ 这个寓言讽刺无视现实，自欺欺人的愚蠢行为。

拓展

此地无银三百两

　　古时候，有个自作聪明的人，叫张三。他好不容易攒了三百两银子，生怕银子被别人偷走，就趁夜深人静时在院子里挖了一个小坑，悄悄把银子埋进去。他又怕别人知晓，就写了一张"此地无银三百两"的字条贴在墙上。

　　隔壁邻居王二看了字条后，趁夜深人静时把银子偷回了家。这王二也是自作聪明的笨蛋，在墙上同样贴了一张"隔壁王二不曾偷"的字条。

◎ 这个寓言比喻本想掩盖事实，却反而暴露了真相。

叶 | 公 | 好 | 龙

传说春秋时楚国有个叫叶公的人，他非常喜欢龙。他的武器上画着龙，工具上刻着龙，屋子内外的墙上画着龙，柱子上雕着龙。在他家里，到处都是龙的图案。

天上的真龙听说后十分感动，有一天来到他家里，把头伸进窗户，尾巴拖在大厅里。叶公看到真龙来了，吓得魂飞魄散，惊慌失措地逃出家门。

其实，叶公并非真喜欢龙，而是喜欢那些外表像龙但并不是龙的东西罢了。

◎ 这个寓言讽刺那些名不副实、表里不一、言行虚伪的人。

自相矛盾

古时候，楚国有个卖矛和盾的人，他吹嘘自己的矛说："我的矛最锋利，什么东西都能刺穿。"过了一会儿，他又夸耀自己的盾："我的盾最坚固，什么利器都不能刺穿它！"

于是，旁边有人问他："如果用你的矛刺你的盾，将会怎样？"这个人被问得张口结舌，灰溜溜地走了。

◎ 这个寓言比喻言行前后相互抵触。

曳｜尾｜涂｜中

战国时，庄子名声很大。一天，他正在濮水边钓鱼，楚威王派来的两位大夫恭敬地对他说："我们大王想请您去辅助管理国家呢。"

庄子手拿钓鱼竿，头也没回，说："我听说楚国有一只神龟，已经死了三千年了，楚王用锦缎包着装在盒子里，珍藏在庙堂上。你们说这只龟是死掉被供在庙堂上好呢，还是活着在泥中拖着尾巴爬好呢？"两位大臣回答道："当然是活着在泥中爬好啊！"

庄子说："二位请回吧！我愿意活着在泥中拖着尾巴爬行。"

◎ "曳尾涂中"形容人淡泊名利，追求自由自在的隐逸生活。

濠梁观鱼

一天，庄子和惠子相伴到濠水的桥上游玩。庄子说："鲦鱼游得多悠闲，这是鱼的快乐啊。"惠子说："你不是鱼，怎么知道鱼的快乐呢？"庄子说："你不是我，怎么知道我不晓得鱼的快乐呢？"惠子说："我不是你，固然不知道你；但你不是鱼，你又怎么知道鱼的想法呢？"庄子望着惠子说："这就不对了！你最初不是问我'怎么知道鱼的快乐'吗？既然询问我，就说明我是知道的，否则你为何这样问呢？"

惠子大笑，说："庄子，你真会诡辩！"

◎ "濠梁观鱼"形容悠然自得，逍遥快乐。

一｜箭｜双｜雕

长孙晟，南北朝北周洛阳人。他读书不多，但智谋过人，特别善于射箭。

有一年，长孙晟出使突厥。突厥首领摄图为人傲慢，但与长孙晟一见如故，挽留他长住。一天，摄图携长孙晟外出打猎，看见两只大雕盘旋飞翔，互相争夺一块肉。摄图随手交给长孙晟两支箭，请他把雕射下来。只见长孙晟纵马向前，拉开弓，只发出一支箭，竟贯穿两只雕的胸脯，可见他臂力之雄劲，箭术之精绝。

◎ 这个成语比喻做一件事达到两个目的。

一举两得

春秋时期，鲁国一村庄附近的山上出现了两只老虎，严重地影响了当地百姓的生活。村里有个名叫卞庄子的青年约了七八个身强力壮的年轻人，上山去打老虎。他们四处寻找虎的踪迹。突然，几声虎啸将整个山林都震动了。他们看见山坳里有一大一小两只吊睛白额虎。老虎的旁边躺着一头牛，显然牛已经被老虎咬死了。

卞庄子拔出刀，对大伙说："我们悄悄冲上去吧！"一名伙计却说："不急，现在两只老虎都想得到那头牛，等会肯定会争斗。俗话说'两虎相争，必有一伤'，我们何不等等呢？等到它们两败俱伤，我们就容易打死它们了，这难道不是一举两得的事情吗？"卞庄子觉得有道理，一行人就藏在大树后面静静地等着。果然，没多久，两只老虎就打了起来，最后大老虎咬死了小老虎，它自己也受了重伤，有气无力地躺在地上喘粗气。

卞庄子乘机带人冲下山坳，三两下就打死了大老虎，为当地百姓除了害。

◎ 这个成语指做一件事，同时收获两方面的好处。

一鸣惊人

公元前613年，楚庄王即位。当政三年，不理朝政，却爱好隐语。

一天，成公甲来到宫中，对楚庄王说："有人叫我猜个谜语，我猜不出来。大王多才多艺，特来请教。"楚庄王让他说来听听。成公甲说："南方山上，有只大鸟，一停三年，不飞不叫，人人不知是什么鸟。"

楚庄王哈哈大笑，说："这只鸟不飞则已，一飞冲天；不鸣则已，一鸣惊人。"此后，楚庄王奋发图强，整顿朝纲，积极筹划争霸诸侯。

◎ 这个成语比喻平时没有突出的表现，一干就有惊人的成绩。

循序渐进

　　朱熹是南宋的著名学者、教育家。有一天，有人问他应当怎样学习，朱熹说："学习要按照一定的步骤循序渐进。"那人进一步问："什么叫循序渐进呢？"朱熹说："凡是读书，先读什么后读什么，一定要有步骤。先读通一部书，然后再读其他的书，并且要从自己的水平出发，制订出切实可行的学习计划，严格遵守，持之以恒。"

　　朱熹还形象地说："不按照步骤杂乱无章地读书，就像个饿了肚子的人走进饭馆，看到各种美味可口的饭菜放在面前，就东抓一把西抓一把，一下子都塞进嘴巴，但食而不知其味，那有什么益处呢？"

◎ 这个成语指按照一定的步骤或程序逐渐推进、提高，常用于学习、工作中以及处理事情时。

一｜诺｜千｜金

　　季布，秦末楚地人，为人侠义，重信守诺，深受众人称赞。楚汉相争时，任项羽部下的季布曾几次出谋划策，打败刘邦部队。刘邦当了皇帝后，就悬赏缉拿他。后来，刘邦在汝阴侯夏侯婴的劝说下，撤销了对季布的通缉，还封他做了官。

　　季布有个同乡，名叫曹丘生，是个趋炎附势的人，听说季布又做了大官，便上门求见。季布瞧不起他的为人，态度十分冷淡，曹丘生装作看不见，照样殷勤作揖，并吹捧说："我听说楚地流传着这样一个说法：'得黄金万斤，不如得季布一诺。'你的名声真好啊！"季布听了很受用，就对曹丘生热情起来了。

◎ 这个成语说明诺言的重要，现形容说话算话，极有信用。

矢志不渝

　　谢安，东晋政治家、文学家、书法家。虽出身名门士族，但不喜做官，他年轻时多次拒绝朝廷征召，筑庐隐居于会稽东山。

　　谢安四十多岁时，由于国势衰微、社稷危难，就应好友王坦之的邀请，出山匡扶社稷。他有效地压制了桓温的篡权奸计，并以少胜多取得了淝水大捷。他虽然身在朝廷，但心在山林，退隐东山之志始终没有改变。孝武帝时官至太傅。

◎ 这个成语指立下志愿，绝不改变。形容意志坚定。

一 | 日 | 千 | 里

公元前230年，秦国发动了灭六国之战。秦国先消灭了实力最弱的韩国，又用反间计破了赵国。燕国恐慌起来了，燕王喜把军事大权交给了太子丹。

太子丹的老师为了给太子分忧，请来了国中贤人田光。太子丹为了表示诚意，亲自为田光擦拭椅子。田光说："我听说好马壮年时，一天可跑千里以上，可老了连劣马也跑不过。我也一样，年轻时用我可以，可现在老了。"

◎ 一天跑千里以上，比喻进步很快，发展迅速。

一目十行

南北朝时，梁武帝的第三个儿子萧纲，从小天资聪敏，六岁就能写一手好文章。一天，梁武帝把萧纲叫到跟前，给他出了一个题目。只见他略微思考了一下，便提笔一挥而就。

萧纲长大后，非常喜欢读书，而且看得极快，一眼可以看完十行文字。后来，他当上了皇帝，史称简文帝。

◎ "一目十行"形容阅读速度很快，有时也指阅读马马虎虎。

一|叶|障|目

顾恺之，晋朝著名画家，他画的人像惟妙惟肖，呼之欲出。

有一天，朋友桓玄拿来一片柳叶，一本正经对他说："这是一个蝉翳叶，可以隐身，用它遮住眼睛，旁人就看不见你！"顾恺之非常高兴，信以为真，就把柳叶挡在眼睛上。这时桓玄故意东找西找，大声呼唤顾恺之的名字，焦急地说："你在哪儿呀？我怎么看不见你呀！"

隔了一会儿，桓玄故意对着他撒尿，装作好像完全看不见他的样子。顾恺之信以为真，所以将这片叶子珍藏了起来。

◎ 这个成语比喻目光短浅，为局部的或表面的、暂时的现象所迷惑，不能认清全貌或本质。

以管窥天

扁鹊是战国时期齐国名医，原名秦越人，因医术高明，百姓们借用了传说中黄帝时代的神医名号，唤他为扁鹊。

有一年，扁鹊带领弟子四处巡医，路过虢国，听见宫内外哭声连天。扁鹊便走近宫门打探，守门的告诉他太子死了。他仔细一问，原来太子是因气血不畅，暴病而亡，时间还不到半天。扁鹊判断他是假死，便对守门的中庶子说："我能救活太子，麻烦尽快禀告大王。"中庶子看他一身布衣打扮，认为他是骗子，不愿通报。扁鹊仰天叹息说："你呀，你这是从管里望天，从门缝里看画，见过多少世面呢？你若是不相信我的话，可以回去看看太子，他的耳朵里一定会有响动，鼻子微微翕动，大腿之间还有余热的。"中庶子一听，十分惊奇，赶紧报告。很快，国君亲自来请扁鹊入宫。

扁鹊检查了太子的身体，选好穴位，几针扎下去，太子就苏醒了。

◎ 这个成语比喻见识片面而狭窄。

一 | 字 | 千 | 金

战国时期，秦王嬴政年幼即位，由相国吕不韦辅政。

当时吕不韦招纳天下名士，供养了三千门客，为他出谋划策。吕不韦组织这些门客把各自的见解和心得都写出来，然后把文章汇集成册，名为《吕氏春秋》，内容包罗万象。

吕不韦命人把《吕氏春秋》这部书在首都咸阳公布，并且悬赏说，如果有人能在书中增加一字或删减一字，就赏赐千金。消息传出，观看的人人山人海，但谁都知道吕不韦是权倾朝廷的相国，哪有人敢对这部书增删一字。

◎ 这个成语形容文辞精妙，字字珠玑，不可多得。

绝妙好辞

　　浙江上虞有块有名的曹娥碑，记载着东汉孝女曹娥的故事。

　　三国时期，曹操携主簿杨修路过曹娥碑，只见碑背面刻着"黄绢、幼妇、外孙、齑臼"八个字。曹操问杨修："你知道这是什么意思吗？"杨修说："知道。"曹操说："你先不要说，让我想一想。"走出三十里远的时候，曹操才说："我已经知道了。"他叫杨修写出答案，杨修写道："这八个字是另外四个字的隐语。黄绢，是有颜色的丝，暗指'绝'字；幼妇，说的是少女，暗指'妙'字；外孙是女儿的儿子，暗指'好'字；齑臼，是盛纳五辛调料的器具，暗指'辞'字。八个字的暗语是'绝妙好辞'。"曹操写下的想法与杨修一样。曹操感叹："我的才智比不上你啊，我是走了三十里路才想出来的。"

◎ 这个成语形容极其美妙的文辞。

疑｜邻｜偷｜斧

　　从前，有个农夫上山砍柴，结果忘了带回斧头。几天以后，他要用斧头，才发现斧头丢了。他在家里找了个遍，也没找到。他怀疑是邻居的儿子偷走了。农夫留心观察邻居儿子，觉得他的神态、动作表现，都像是偷了斧头一样。

　　几天后，农夫又上山干活，当走到上次干活的树下时，发现了斧头。第二天，农夫再看邻居的儿子，觉得他的言行再也不像是偷过斧头的样子了。

◎　这个寓言告诉我们，遇到问题不能毫无根据地猜疑，必须实事求是，善于调查研究。

智子疑邻

　　宋国有一个富人。一天，天降大雨，他家的院墙塌了一个缺口。他儿子着急地说："要赶快补好，否则小偷要进来。"邻居老人看见，也这样劝告他。

　　当天夜里，他家果然被人偷了许多财物。

　　富人在痛悔之余，夸奖儿子有先见之明，而对邻居老人产生了怀疑。

◎　这个寓言告诉人们，做事要以事实为根据，不能用亲疏和感情作为判断的标准。

以 | 貌 | 取 | 人

　　春秋时期，孔子有很多学生，其中有一个叫子羽，一个叫宰予。子羽长得很丑，宰予长得很英俊。孔子对他俩的态度截然不同。因为子羽长得很难看，孔子对他第一印象不好，对他的态度十分冷淡，后来子羽只好退学，回去自学。而宰予因为长得仪表堂堂，又能说会道，所以孔子很喜欢他。

　　然而，两人的发展却出乎孔子的意料。子羽回去后，更加发奋学习钻研，成为一个很有名的学者。相反，宰予却非常懒惰，学习成绩极差，气得孔子把他比作没有用的朽木。后来，宰予在齐国和别人一起作乱，被齐王处死。

　　孔子曾很感慨地说：“从子羽身上我知道了，不能以外貌来衡量一个人。”

◎ 这个成语指以外貌来判别一个人的品质与才能。

表里如一

　　蘧伯玉出生在官宦之家，他的父亲是卫国的大夫。他从小就聪明过人，知书达理。

　　蘧伯玉对自己要求很严，处处为人表率。有一天晚上，他乘马车回家，经过宫门口。当时法令规定：白天臣子经过宫门口必须下车，鞠躬行礼后再离开；晚上宫门关闭，臣子经过宫门口可以不行礼。蘧伯玉认为既然定了这个礼节，那么不管是什么时候，自己都应该遵守，于是叫马夫停车，自己行完礼后再继续赶路。

　　这时，正好卫灵公还没有睡，正与夫人南子说话。他听见宫外有马车停下，过了一会儿，马车又离开。他就问南子："这是谁这么晚在宫门外停车啊？"南子说："肯定是蘧伯玉。"卫灵公觉得奇怪，就问："为什么是他呢？"南子说："蘧伯玉是有名的贤人，他光明正大，表里如一，他最遵守礼节，即使没人看见，也同样守礼。刚才一定是他经过宫门，下车行礼以后才离开。"卫灵公听了夫人的话半信半疑，第二天派人调查，发现果然是蘧伯玉。

◎ 这个成语形容人的思想和言行完全一致。

愚|公|移|山

传说很早以前，冀州有两座大山，一座太行山，一座王屋山，山高万丈，方圆有七百里。在山的北面，有一位老人，名叫愚公，九十岁了。他家的大门，正对着两座大山，出门办事都得绕着走，很不方便。

愚公全家老小决定把山搬到别处去，将山上的石头和泥土倒进渤海。愚公的邻居是个寡妇，她有个七八岁的儿子也跑来帮忙。大家干得很起劲，一年四季很少休息。

黄河边住着一个老汉叫智叟，他看见愚公他们搬山，觉得很可笑，就对愚公说："你这么大岁数了，还能活几天，怎么可能搬掉两座大山呢？"愚公回答道："我是老了，活不了几年了，可是我死了还有儿子，儿子又生孙子，子子孙孙，一直传下去，无穷无尽。可是山却不会再增高了，我们为什么挖不平呢！"

听了这话，那个自以为聪明的智叟再也无话可说。

手中握着蛇的山神知道了这件事，害怕愚公挖山不止，就报告了天帝。天帝被老愚公的精神感动了，就派两名神仙下凡，把两座山搬走了。

◎ 这个故事告诉我们，做事要有信念、有信心，不畏困难，敢于拼搏。

姜太公钓鱼

商朝最后一个君主纣王，暴虐无道。传说他手下有个大臣，名叫姜尚，又叫姜子牙、姜太公，他见纣王如此胡作非为，便弃官而逃，隐居在渭水之滨。此处是诸侯姬昌的封地。

姜子牙知道姬昌胸怀大志，渴求人才，就在渭水边"钓鱼"。一般人钓鱼用的是弯钩，钩上挂着鱼饵。可姜子牙的鱼钩却是直的，也不放鱼饵，而且离开水面足有三尺高。他一边举着竿，一边自言自语说："不愿活的鱼儿，你要找死就自己上钩吧！"他这种奇怪的钓鱼方法，很快传到了姬昌耳朵里。

姬昌觉得这个人很古怪，就派士兵去叫他，姜子牙根本不理，边钓鱼边说道："钓，钓，钓！鱼儿不上钩，虾米瞎胡闹！"士兵只好回去报告。姬昌更觉得这个人古怪，于是派当官的前往迎请。姜子牙仍然不理睬，他一边钓鱼一边说："钓，钓，钓！鱼儿不上钩，小鱼瞎胡闹！"当官的也只好回去报告。

姬昌觉得这个人一定是个非凡的人才，于是他带上厚礼，亲自去聘请。姜子牙见他诚心诚意，便答应为他出力。后来，姜子牙辅佐文王、武王，消灭了商朝，建立了周朝。

◎ 这个故事比喻心甘情愿地找上门来，中别人的圈套。

欲 | 速 | 则 | 不 | 达

子夏，姓卜名商，春秋时期卫国人，是孔子七十二个得意弟子之一。有一年，子夏当上了莒父县的县令。临行之前，他向老师请教为政之道，孔子说："不要图快，不要只顾小利。图快，反而不能达到目的；只顾小利，就办不成大事。"

◎ 这个成语指违背规律一味求快，反而达不到目的。

拓展

一蹴而就

北宋嘉祐元年（1056），中年的苏洵带着儿子苏轼、苏辙一同赴京参加进士考试。当时，考生有向朝廷大臣呈送诗文的习惯，以此扩大社会影响力，提高自己的知名度。苏洵就向朝廷重臣、枢密副使田况呈送了自己的得意之作和自荐信。他在《上田枢密书》中说："天下之学者，孰不欲一蹴而造圣人之域？"意思是说，对于天下的学者而言，谁不渴望能够一步跨越，达到圣人的境界呢？

◎ 这个成语形容事情轻而易举，一下子就能完成。

鹬 | 蚌 | 相 | 争

一天，一只河蚌正张开壳晒太阳，没防备一只鹬鸟飞来啄住了它的肉。河蚌急忙拢住双壳，死死夹住鹬鸟的尖嘴。

鹬鸟威胁河蚌："今天不下雨，明天不下雨，你就会变成死蚌。"

河蚌毫不示弱："今天不放你，明天不放你，你就会变成死鹬。"

它们两个都不肯放松。这时，一个路过的渔夫看见了，轻轻松松地将它俩一起提回家。

◎ 这个寓言比喻双方争斗，互不相让，只会两败俱伤，使第三者获利。

螳螂捕蝉

公元前584年，吴国宫中一名年轻侍从为了劝阻吴王贸然进攻楚国，给吴王讲了一个蝉、螳螂、黄雀与人的故事。夏天，一只蝉儿在高高的树上鸣叫，它却不知道，螳螂正躲在自己背后，准备吃掉它；螳螂弯着身子，想捉蝉儿，它却不知道，有只黄雀正在自己旁边准备吃掉它；黄雀伸长脖子打算啄食螳螂，它却不知道，一个人正举着弹弓在树下瞄准它。

◎ 螳螂捕蝉，黄雀在后，比喻做事目光短浅，只贪图眼前的利益而不顾后患。

约|法|三|章

公元前207年，刘邦率军攻下咸阳，秦朝灭亡。为了安抚民心，刘邦召集关中豪杰开会，约法三章：一、杀人者死；二、伤人及盗抵罪；三、秦朝法律全部废除。官吏照常工作，百姓照常生活。

百姓们听了约法三章，都高兴地奔走相告，关中局面很快稳定，对日后刘邦称王并建立汉朝产生了巨大的影响。

◎ 这个成语比喻订立必须遵守的规章条款。

拓展

随心所欲

孔子晚年时，将自身修养的经历分成了六个阶段。

孔子说："十有五而志于学"，十五岁时对"学"坚定了志向；"三十而立"，即有了自己独立的思想、人格和事业；"四十而不惑"，具备了明辨是非的能力；"五十而知天命"，了解并把握自然和社会规律；"六十而耳顺"，心平气和、胸怀坦荡、明察秋毫，什么都能包容，什么都能明辨；"七十而从心所欲，不逾矩"，做人处事可以得心应手，但又不会超越"礼"的界限。

◎ 这个成语泛指任凭自己的意愿，想要怎样就怎样。

运 斤 成 风

　　有一次，庄子送葬，经过老朋友惠施的墓地。庄子回头对随从的弟子说："楚国的国都郢城有个人，鼻尖沾了一点苍蝇翅膀大小的白石灰，他请老朋友——一个名叫石的匠人给他削去。匠人就挥动斧头，嗖地带着一阵风，把石灰削得一干二净，而郢人站在那里面不改色，鼻子完好无损。宋文君听说了这件事，便召这个匠人来，说：'请给我表演看看。'匠人说：'我倒还能削，可惜能与我配合的那个伙伴已经死了好久了。自从惠施死后，我也没有伙伴了，没有可以谈话的人了。'"

◎ "运斤成风"比喻技能高超。这个寓言也说明团队合作与默契的重要性。

高山流水

　　春秋时，楚国的俞伯牙精通音律，是天下闻名的琴师。

　　一天，俞伯牙弹琴自娱自乐。这时，一个樵夫从旁边经过，驻足聆听。琴声渐渐激越高昂，樵夫说："好啊！雄伟峻拔如泰山。"接着，琴声变得舒缓自如，樵夫赞叹道："妙啊！浩浩荡荡如江河奔流。"

　　俞伯牙激动地停下来，感叹说："你听琴时想象出来的意境，正是我弹琴时要表现的心意，你真是我的知音啊。"

　　这个樵夫就是钟子期。后来，俞伯牙听到钟子期死讯后就把琴摔断，他说："知音都没了，我还弹什么琴呢？"

◎ "高山流水"形容朋友间心意相通。

择 | 善 | 而 | 从

春秋时期，卫国有个人叫公孙朝，他很想知道孔子的学问是从哪里来的，于是他就去问孔子的得意门生子贡。子贡告诉他："文武之道，并未失传。我的老师在什么地方都可以学，向什么人都可以学，没有专门的老师传授。"有人听说此事就去问孔子，孔子说："如果几个人在一起走，那其中一定有人是值得我学习的，我选择他们的长处尽心学，看到他们有不好的地方，我就对照改正。"

◎ 这个成语指选择好的学，按照好的做。

拓展

见贤思齐

春秋时期，孔子有学生三千，他在传授知识的同时，还注重给学生讲做人的道理。有一次，他对学生说："遇到一个品德优秀的人，就要虚心向他学习，希望自己能有他那样的美德；遇到品德不好的人，也不要转身就离开，而是想想自己是不是也有不好的地方。好的要做榜样，不好的要做反面教材。不断省察、思索，这样可以使自己成为一个有贤德的人。"

◎ 这个成语指遇到品德高尚、有才学的人，就想向他看齐、向他学习。

朝｜三｜暮｜四

战国时期，宋朝有一个老人喜欢养猴子，他懂得猴子的心理，猴子也懂得他的话语。

因为猴子很贪吃，时间一长，老人实在供养不起。于是，他决定减少猴子每日的食物。老人对猴子们说："我每天早上给你们三颗果子，晚上再给你们四颗，够吃了吗？"猴子们一听，一个个上蹿下跳，尖叫着发怒。老人忙说："好吧，那就早上四个，晚上三个。"

猴子们一听，以为果子的数量增加了，高兴地趴在地上叩头。

◎ 这个寓言形容人做事没有主见，反复无常。

朝秦暮楚

战国时期，秦、楚两个大国经常打仗。魏、韩、赵、燕、齐等国从自身的利益出发，时而倾向秦国，时而倾向楚国，在夹缝中生存。

一班说客，奔走于四方诸侯国之间进行游说，并以此谋求升官发财，时而为秦国出谋划策，时而替楚国出谋划策。

◎ 人们常用此比喻做事做人反复无常。

知 | 彼 | 知 | 己

孙武是春秋时期著名军事家，齐国人。他曾任吴国大将，率军攻破楚国，征伐北方的大国齐国和晋国，使吴国称霸于诸侯。孙武的著作《孙子兵法》，是历代军事著作的典范。

《孙子兵法》中有句名言："知彼知己，百战不殆。"既了解对方，同时又了解自己，这样战斗一百次都不会失败。

◎ 这个成语指对敌人（或对方）的情况和自己的情况都有透彻的了解。

拓展

多谋善断

公元208年，曹操大军南下直指荆州。当时，刘备驻在夏口，派诸葛亮联络东吴，共同抗击曹操。鉴于曹操声势浩大，孙权手下许多文臣武将主张投降，只有大臣鲁肃、大将周瑜坚决反对。在生死存亡的关键之际，孙权当机立断，决定联合刘备抗曹，并任命周瑜为统帅。赤壁决战中，刘孙大军火烧曹军连营，把曹军打得落花流水，从此奠定魏、蜀、吴三国鼎立的局面，吴国也因而逐渐强盛起来。西晋陆机在《辨亡论》中写道："孙权重视访求贤才，是个有智谋善决断的英雄。"

◎ 这个成语指很有智谋又善于判断。

指 | 鹿 | 为 | 马

公元前210年，秦始皇病死，担任中车府令的宦官赵高、秦始皇小儿子胡亥和丞相李斯三人串通，伪造诏书，使胡亥当上了皇帝，即秦二世。

赵高为胡亥立了大功，被封为郎中令，后又害死丞相李斯，从而使自己当上了丞相。但赵高还不满足，妄想篡夺帝位，他担心群臣不服，就想先试探一下。

一天，赵高牵了一头鹿献给秦二世，对皇帝说："这是一匹马。"秦二世笑着说："丞相弄错了吧？这是一头鹿啊！"赵高就问大臣们："你们说说，这到底是鹿还是马？"结果有的大臣不吭声，有的讨好赵高竟说是马，也有的照实说是鹿。对说实话的人，赵高就千方百计捏造罪名加以惩处。

◎ 这个成语比喻故意颠倒黑白，混淆是非。

黑白混淆

　　杨震，东汉时人，历任荆州刺史、司徒、太尉等职，为人正直，廉洁奉公，很有声望。

　　当时，汉安帝的乳母王圣、中常侍樊丰等贪侈骄横，大兴土木。对此，杨震十分痛恨，于是上疏给汉安帝，揭露他们的罪恶，其中写道："如今黑白混淆，清浊不分，人们议论纷纷，都在指责朝廷内外贪渎成风。"然而忠言逆耳，汉安帝听不进杨震的劝告，还免去他的官职，遣返回乡。

◎ 比喻故意颠倒是非，制造混乱。

中｜流｜砥｜柱

春秋时期，齐国有三位勇士：公孙接、田开疆和古冶子。一天，齐景公赐给他们两个桃子，让他们论功吃桃。

公孙接说自己曾接连打死过野猪和老虎，论功可以吃桃；田开疆说自己两次打败过敌人，论功可以吃桃；古冶子说随国君渡黄河时，一只乌龟咬住驾车的马，跑到河中央的砥柱山附近去了，自己在水底下逆流百步，顺流九里，奋力杀龟救出了马匹，论功应该能吃桃。最后三人皆自杀而死。

◎ 这个成语比喻能担当重任、支撑危局的人或集体。

独当一面

公元前205年，刘邦率大军攻打楚军，在彭城，被楚霸王项羽打得大败。当军队撤到下邑时，刘邦跳下战马，问谋士张良："如果有人能与我合作打败项羽，我情愿把函谷关以东的地区送给他，你看谁能立下此战功？"张良回答："九江王黥布、大将彭越都是勇将，并且与项羽有矛盾，应尽快派人与他们联系。而我们汉军将领中，只有韩信可堪重任，应该把大事交付给他，让他独自承担这方面的重任。如果说要把关东之地送给立功的人，那就送给这三个人好了。这样就可以打败项羽。"刘邦采纳了张良的意见，取得了明显的战果。

◎ 这个成语表示可以承担或负责一个方面的工作。

忠｜言｜逆｜耳

公元前207年，刘邦攻破咸阳，进入秦宫。看到华丽的宫殿、琳琅满目的珠宝、秀色可餐的美女，刘邦便想住下来。这时大将樊哙劝他不要贪恋，称这些东西是秦亡国的祸根。刘邦听了只当耳边风。

谋士张良知道后，就对刘邦说："秦王无道，百姓造反，我们才推翻了秦王朝。如今刚入秦，您就贪图享受，这是帮助坏人做坏事呀！俗话说：'忠言逆耳利于行，良药苦口利于病。'希望您能听从樊哙的忠告。"听了张良的话后，刘邦醒悟了，率军返回灞上。

◎ 这个成语指正直的劝告听起来不顺耳，但有利于改正缺点和错误。

良药苦口

韩非，战国时韩国的诸公子之一，曾在荀子门下学习。为了强国富民，他曾多次上书韩王，却未被采纳。于是他把满腔的抱负写成《韩非子》一书。书中提道：有用的药吃起来虽然很苦，但是聪明的人却会勉强自己喝下，因为他知道喝下去之后能够治好病；忠直的话语听起来让人不舒服，但是英明的君主都会听进去，因为他知道采纳后可以成就大业。

◎ 这个成语比喻有益而尖锐的批评，虽然听起来不舒服，但是对人有帮助。

众｜叛｜亲｜离

　　春秋时期，卫国公子州吁杀死哥哥卫桓公，篡位成为国君。他害怕国内人民反对，就拉拢宋、陈、蔡等国攻打郑国，想以对外用兵的办法转移矛盾，巩固统治地位。鲁隐公听说后，就问大臣众仲："州吁这样做事能成功吗？"众仲回答道："州吁这个人对内滥杀无辜，对外穷兵黩武，国内外都不得人心。现在他处境孤立，这样干难以成功的。"果然，不出一年，卫国人就联合陈国，用计将州吁杀了。

◎ 这个成语形容不得人心，完全孤立。

人心所向

　　晋朝的熊远志向高远，曾任丞相司马睿的主簿。有一年新春，朝廷欲举行盛大庆典，熊远认为，国家正值危难之际，万不能行此奢侈之举，他上书晋愍帝劝谏道："尧帝驾崩之后，四海之内音乐皆止。如今晋怀帝新丧，天子应与百姓同忧。人心所向，唯道与义。恳请陛下提倡忠孝之仪，宣扬仁义之统。"司马睿对他的建议深表赞同，便劝愍帝采纳了熊远的建议。

◎ 这个成语指人民群众所拥护的、向往的。

众|志|成|城

春秋时期，周景王废止市面流通的小钱，改铸大钱，使老百姓蒙受巨大损失。几年后，周景王又下令铸大钟。

大钟铸成后，周景王觉得钟声悦耳，便邀请乐官伶洲鸠一同欣赏。伶洲鸠对周景王实话实说："您筹钟，弄得老百姓叫苦连天，大家是不会喜欢这钟声的。俗话说'众志成城，众口铄金'。万众一心，什么事情都能办成；相反，如果大家都反对，连金属也会在大家的言论中熔化。"

◎ 这个成语比喻众人齐心协力做事，一定能够成功。

群策群力

楚汉相争，以项羽兵败告终，项羽临死前说了一句："此天亡我，非战之罪也。"

汉朝文学家扬雄在《法言》一书中论到楚汉相争之所以汉胜楚，是"汉屈群策，群策屈群力"之故。即刘邦接受和调用了众人的智谋和力量，而项羽只凭一己之力，未采众人之谋，甚至连唯一的谋臣范增的忠言也不接受，以致坐失良机。

◎ 这个成语指大家一起出谋出力，发挥集体的力量。

煮｜豆｜燃｜萁

　　曹植是曹操的三儿子，他自幼才华出众，深受父亲的疼爱。哥哥曹丕与曹植素来不和。曹丕登上皇位成为魏文帝后，便处处打压曹植。

　　有一天，魏文帝要曹植在七步之内作诗一首，以证明他写诗的才华，否则就要治他欺君之罪。曹植应声成诗一首："煮豆持作羹，漉菽以为汁。萁在釜下燃，豆在釜中泣。本是同根生，相煎何太急？"

　　魏文帝听后，不由羞得面红耳赤，放过了弟弟。

◎ 这个成语比喻兄弟间不顾亲情，互相倾轧。

不共戴天

　　公元1138年，金国派使者要挟南宋皇帝递降书顺表。以宋高宗、秦桧为首的投降派，贪生怕死，准备投降。大臣胡铨上奏折《戊午上高宗封事》，表示反对，他写道："我身为枢密院编修官，誓与秦桧等人不共戴天。我希望斩下秦桧、王伦、孙近的人头，并悬挂街上示众，再起兵伐金。这样，全军将士的勇气将倍增。不这样，我只有投东海而死罢了，怎能跟着小朝廷苟安偷生呢？"

◎ 这个成语形容仇恨极深。

自|惭|形|秽

晋朝有个骠骑将军王济，仪表堂堂，能文能武，远近闻名。

有一年，王济的外甥卫玠前来投奔他。卫玠长得眉清目秀，英俊潇洒，王济一见，惊讶不已，他叹息道："和外甥走在一起，就像有颗闪闪发光的明珠在身旁，使我自感形态丑陋，羞愧难当。"

◎ 这个成语原义是因在相貌方面不如他人而感到惭愧，泛指惭愧。

自愧不如

战国时期，齐国有个大臣邹忌，他身高八尺，举止潇洒，容貌英俊。一天，他问妻子："我跟城北的徐公相比，谁漂亮？"他的妻子说："您漂亮，徐公哪比得上您！"邹忌不太相信，于是又问妾，同时又问了到家里来的客人，他们都说徐公没有他漂亮。过了几天，徐公来访，邹忌仔细打量，又拿镜子照照自己，觉得自己没有徐公漂亮。于是，邹忌上朝拜见齐威王，说："我知道自己不如徐公漂亮，可是妻、妾、客人都说我比他漂亮。原来妻子夸我，是偏爱我；妾夸我，是怕我；客人赞我，是因为有求于我啊。如今齐国，宫中的姬妾、身边的近臣，没有不偏爱大王的；朝中的大臣，没有不惧怕大王的；国内的百姓，没有不对大王有所求的。由此看来，大王受蒙蔽一定很深了。"齐威王深以为然。

◎ 这个成语指自感不如别人而内心惭愧。